経営学史学会編 〔第二十三輯〕

経営学の批判力と構想力

文眞堂

巻頭の言

経営学史学会第 8 期理事長 　吉　原　正　彦

　経営学史学会第 23 回全国大会は，《経営学の批判力と構想力》の統一論題のもと，2015 年 5 月 15 日から 17 日にかけて大阪商業大学で開催された。
　大阪商業大学は，1928 年の大阪城東商業学校創立に端を発し，大阪城東大学を経て今日に及んでいる。経済学部，総合経営学部の 2 学部 4 学科，地域政策学研究科，さらに比較地域研究所など 8 付属施設，6 併設校を擁し，中小企業が多く集積する "モノづくりのまち" 東大阪市に位置し，「実学の殿堂」として 80 有余年の伝統を誇る大学である。本大会においては，実行委員長である河辺純会員を始め，多くの学生諸君，とくに会員以外の教員の方々のご配慮とご尽力を賜ったことに対して，改めて衷心より感謝申し上げる次第である。
　第 23 回全国大会は，本学会の第 8 期を担うわれわれにとって最初の大会である。第 7 期においては，「実践性」，「学術性」，「独立性」を課題として経営学の存在意義を求めてきた。第 8 期ではこれを受け継ぎ，いかにしてそれを発展させ，また具体化していくかである。
　その第一歩である本大会を迎えるにあたって，われわれは，経営学の歴史研究の意義を明らかにすることにした。21 世紀も 10 有余年を過ぎた今日，ますます速度と混迷を増している文明社会の諸相に対して，経営学の研究者もまた現前の事象にとかく眼を奪われ，専門分化し，孤立分散的な研究を行う傾向が多くなってきていることは否めない。とくに，近年の若い世代の研究者の学史研究離れの傾向に対して，経営学史研究の意義を積極的に示すことが必要である。
　そのために本大会の統一論題は，《経営学の批判力と構想力》であった。経営学史は，経営学という鏡が映し出した経営存在の歴史を解釈し，経営と経営学に対する批判を通して，経営，そして経営学の未来に寄与するもので

ある。一世紀有余の歴史に立つ経営学は，いかなる批判力と構想力を有しているかを問うこと，この点に統一論題の狙いがあった。そして，この問いを解明するために，2つのサブ・テーマ，「経営のあり方を問い直す」と「経営学のあり方を問い直す」を設けた。サブ・テーマⅠは，経営学史研究が，経営存在の「歴史を繰り返させない」ことから，未来に向けた経営の「実践性」のあり方を示すことにある。またサブ・テーマⅡは，経営存在を映し出す鏡である経営学そのものを問い直すことによって，その「学術性」のあり方を問うものである。

統一論題の基調報告は，河辺純大会実行委員長によって行われた。続いてサブ・テーマⅠの「経営のあり方を問い直す」に水村典弘会員と中川誠士会員，そしてサブ・テーマⅡの「経営学のあり方を問い直す」に桑田耕太郎会員と渡辺敏雄会員の報告がなされた。

本年報には，大会当日の議論を踏まえ，改めて執筆された5本の論文が収められている。さらに，2段階の査読を経た5本の自由論題論文，計10本の学術論文及び文献・資料編から構成されている。

経営，そして経営学のこれまでのあり方を問い，未来への提言を指し示すことができるのは，現在という"今，ここ"に生きているわれわれである。A. N. ホワイトヘッドが述べているように，われわれが生きている"今"に，過去の諸々の特殊な契機が存在すると同時に，それに関連している未来の契機も内在している。

しかし，過去と未来は，現在という主体にとっての客体的存在であるから，歴史を認識する"今"を生きる人間の主体性のあり方が問われることになる。それゆえ，《経営学の批判力と構想力》を統一論題とした2つのサブ・テーマである「問い直し」に対して，経営学史研究の意義における現時点での力量が問われることになろう。

最後になるが，市場性の少ない学会年報の出版を今日まで継続して頂いている㈱文眞堂に，謹んで感謝申し上げる次第である。昨年，前野隆氏が第三代社長に就任されたが，学問の発展を真に希求されんとする文眞堂のますますの発展を祈念したい。

目　次

巻頭の言 …………………………………………吉　原　正　彦… i

第Ⅰ部　趣旨説明 ……………………………………………………… 1
　経営学の批判力と構想力………………第 8 期運営委員会… 3

第Ⅱ部　経営学の批判力と構想力 ……………………………………… 7

　1　経営学の批判力と構想力 ………………河　辺　　　純… 9
　　Ⅰ. はじめに――批判と構想の学としての経営学―― ……… 9
　　Ⅱ. 経営学における批判力の基盤
　　　　――経営学では近代批判はすでに終焉してしまったのか―― ……10
　　Ⅲ. 意識の問題――近代主観的認識を超えて―― ………………12
　　Ⅳ. 経営学の批判力――バーナード理論にみる歴史的自己批判力――…14
　　Ⅴ. 経営学の構想力――喪失したものを「構想する」責任―― ………16
　　Ⅵ. むすびにかえて
　　　　――第 23 回大会統一論題報告と議論への期待―― ………………17

　2　経営における正しい選択とビジネス倫理の視座
　　　……………………………………………水　村　典　弘…20
　　Ⅰ. はじめに ………………………………………………………20
　　Ⅱ. 経営者の倫理とジレンマ問題 ………………………………21
　　Ⅲ. 企業不正と三位一体の規律付け ……………………………23
　　Ⅳ. MBA プログラムと倫理教育 …………………………………25
　　Ⅴ. 正しい選択へと導く倫理のレンズ …………………………26
　　Ⅵ. おわりに ………………………………………………………27

3 経営管理論形成期における H. S. デニスンの「長期連帯主義」思想 ……………… 中川　誠士…32

　Ⅰ．はじめに ………………………………………………………32
　Ⅱ．デニスンの生涯 ………………………………………………33
　Ⅲ．経営学史におけるデニスンの位置づけ ……………………35
　Ⅳ．『組織のエンジニアリング』 …………………………………39
　Ⅴ．むすびにかえて ………………………………………………47

4 制度化された経営学の批判的検討 ……… 桑田　耕太郎…51
　　──『制度的企業家』からのチャレンジ──

　Ⅰ．はじめに ………………………………………………………51
　Ⅱ．制度的企業家研究のパースペクティブ ……………………52
　Ⅲ．制度と実践のダイナミクスと経営概念 ……………………54
　Ⅳ．制度化された経営学と経営実践のダイナミクス …………59
　Ⅴ．経営学のあり方を問いなおす ………………………………63

5 管理論・企業論・企業中心社会論 ……… 渡辺　敏雄…67
　　──企業社会論の展開に向かって──

　Ⅰ．はじめに ………………………………………………………67
　Ⅱ．管理論としての経営学 ………………………………………68
　Ⅲ．企業論としての経営学 ………………………………………69
　Ⅳ．企業論から企業社会論へ ……………………………………74
　Ⅴ．むすびにかえて ………………………………………………79

第Ⅲ部　論　攷 ……………………………………………………81

6 コントローリングの導入と普及 ………… 小澤　優子…83

　Ⅰ．はじめに ………………………………………………………83
　Ⅱ．コントローリングの導入と変遷 ……………………………84

Ⅲ．コントローリングの普及 …………………………………87
　　Ⅳ．コントローリングの発展 …………………………………88
　　Ⅴ．おわりに …………………………………………………90

7　「トランス・サイエンス」への経営学
　　からの照射 ………………………………藤　沼　　　司…94
　　――「科学の体制化」過程への経営学の応答を中心に――

　　Ⅰ．はじめに――問題の所在―― ……………………………94
　　Ⅱ．「トランス・サイエンス」の概要
　　　　――「科学の体制化」の意味―― …………………………95
　　Ⅲ．「科学の体制化」過程への経営学史の重ね描き …………97
　　Ⅳ．トランス・サイエンスの経営学からの再構成
　　　　――専門化社会の帰結―― ………………………………103
　　Ⅴ．むすびにかえて …………………………………………104

8　新制度経済学の思想的基盤と
　　新自由主義 ………………………………高　橋　由　明…107

　　Ⅰ．はじめに――新制度経済学の主張―― …………………107
　　Ⅱ．新制度経済学の展開の背景 ……………………………108
　　Ⅲ．旧制度学派と新制度学派の「制度」概念と基本的姿勢の
　　　　相違 …………………………………………………………110
　　Ⅳ．新制度経済学と新自由主義 ……………………………113
　　Ⅴ．おわりに――新制度経済学と新自由主義経済政策と関係―― ……117

9　組織能力の形成プロセス ………………庭　本　佳　子…121
　　――現場からの環境適応――

　　Ⅰ．はじめに …………………………………………………121
　　Ⅱ．組織能力論の展開 ………………………………………122
　　Ⅲ．DC論における環境適応プロセス ………………………125
　　Ⅳ．現場からなされる環境適応プロセス …………………127

Ⅴ．おわりに ……………………………………………………… 130
　10　組織不祥事研究のポリティカル・
　　　リサーチャビリティ ………………………中　原　　　翔… 133
　　　　──社会問題の追認から生成に向けて──
　　Ⅰ．はじめに ……………………………………………………… 133
　　Ⅱ．実証主義を前提とした調査困難性 ………………………… 134
　　Ⅲ．OG 論争再訪
　　　　──社会問題の「追認」から「生成」へ向けて── …… 135
　　Ⅳ．対話を通じた政治性を前提とする調査可能性 …………… 138
　　Ⅴ．おわりに ……………………………………………………… 141

第Ⅳ部　文　　　献 ………………………………………………… 145

　　1　経営学の批判力と構想力 ………………………………… 147
　　2　経営における正しい選択とビジネス倫理の視座 ……… 148
　　3　経営管理論形成期における H. S. デニスンの
　　　　「長期連帯主義」思想 …………………………………… 149
　　4　制度化された経営学の批判的検討
　　　　──『制度的企業家』からのチャレンジ── ………… 150
　　5　管理論・企業論・企業中心社会論
　　　　──企業社会論の展開に向かって── ………………… 152

第Ⅴ部　資　　　料 ………………………………………………… 155

　　経営学史学会第 23 回全国大会
　　　実行委員長挨拶 ………………………河　辺　　　純… 157
　　　第 23 回全国大会を振り返って…………杉　田　　　博… 159

第Ⅰ部
趣旨説明

経営学の批判力と構想力

第8期運営委員会

　第23回全国大会の統一論題は「経営学の批判力と構想力」として，そのもとに，2つのサブ・テーマ「経営のあり方を問い直す」，「経営学のあり方を問い直す」を設けた。その趣意は以下の通りである。

　経営学は，その成立以来，経営の実践に応えるように時代とともに歩み，歴史を刻んできた。経営の実践は未来を主体的に創ることであるが，未来は，過去，そして現在の単なる延長線上に現れるものではない。現在には，過去の諸々の契機が内在すると同時にそれに関連する未来の契機も内在し，経営の実践は過去を顧みることにおいて未来を見出すことになる。

　そうした経営を対象とする経営学は極めて実践性の強い学問であり，経営学は，過去と未来を包み込んでいる現状の経営を把握し，過去を批判的に捉えることによって未来への構想を見出す概念枠組みを提示する。しかも経営学は，単なる経営に留まらず，経営を包み込む―人間界のみならず自然界を含む―世界に踏み込み，経営を包み込む世界との関連性において経営存在を解明するゆえに，現実の経営実践とは一線を画している。

　そして経営学史は，その時代時代の経営学が描き出した経営存在の歴史を映しとる鏡として，その鏡に映しとられた歴史を解釈し，経営と経営学に対する批判を通して，経営，そして経営学の未来に貢献せんとする。その意味で経営学の歴史研究は批判力と構想力を有し，その蓄積の過程に現代の経営学があると言える。

　しかし，一世紀有余の歴史に立つ現代の経営学は，経営のあり方に対して，また経営学そのもののあり方に対して，いかなる批判力と構想力を有しているのであろうか。ますます混迷の様相を呈している現代という時代だけに，これらのあり方が真に問われなければならない。第23回全国大会は，このことを明らかにするために，統一論題を≪経営学の批判力と構想力≫と

する。この統一論題の議論を通して現代の経営学を生み出している経営学の歴史研究のあり方を問うことにもなるが，このあり方への問いは次への課題とする。

　そして，この統一論題に挑むべくサブ・テーマとして，〈経営のあり方を問い直す〉と〈経営学のあり方を問い直す〉の2つの柱を設定する。

　サブ・テーマⅠ　〈経営のあり方を問い直す〉
　現代の経営もこれまでの過去を顧みながら自らを批判し，取り巻く環境を取り込み，未来を創るべく現在において自らを決定する。そうした現代の経営のあり方を問い直すことは，経営学史研究が経営の「歴史は繰り返す」だけでなく，経営の「歴史を繰り返させない」ことを念頭に置き，鏡に映し出された歴史を解釈し，現代経営の批判により未来に向けた経営を構想することである。

　このサブ・テーマを具体化するにあたって，一つの視点を示すことにする。

　今日の世界が巨大な変化のうねりの中にあることは否定できない。欧州諸国における極右政党の躍進，ロシアのナショナリズムの高揚，そして中国の台頭がみられ，パクス・アメリカーナに基づく第二次世界大戦後の世界秩序のパラダイムは揺らぎ始めている。その渦中にあって，「失われた20年」の閉塞状況をやっと潜り抜けようとしている日本もまた，新しい経済社会のあり方と新しい発展のパラダイムを探し求め，正しい選択をしていかなければならないという困難な課題に直面しており，この情況を過ぎ去った時代と重ね合わせている人びとも少なからずいる。

　今重視されるべきは「歴史から学ばぬ者は歴史を繰り返す」という教訓である。過去の危機の時代において経営学者や経営者が時代の要請に応えようとして行った今日では毀誉褒貶相半ばする様々の知的営為を，現在の高みから無条件に賞賛したり傲慢に断罪したりするのでなく，それらが語ることに虚心に耳を傾け，危機の時代を生き抜く上での糧とすることである。そのために，経営学史の観点から「経営のあり方を問い直す」こととする。

サブ・テーマⅡ 〈経営学のあり方を問い直す〉

　経営学は時々の経営と相まみえながら，ある時には時代を生み出す経営の理論化を試み，また現前の経営の単なる後追いを行い，さらにある時には現実の経営と対峙して時代への問いかけを行っている。そうした積み重ねの上にある現代の経営学のあり方を問い直すことは，経営学史研究がその鏡に映しとられた経営とそれを包む世界の歴史の解釈を通して経営学の現状を批判し，未来に向けた経営学の意義とその構想を明らかにすることである。

　このサブ・テーマを具体的にイメージするために，2つのアイデアを示すことにする。一つは，本学会の20周年記念事業の一つである『経営学史叢書』14巻の中からいくつかの学説を取り上げて批判的検討を行うことである。叢書に織り込まれているそれぞれの学説はその後批判的な展開を通して現代の経営学を形作っており，その学説に基づく経営学の有効性と限界，すなわち，何が満たされ，何が不充分であるかを明らかにし，新たな構想を示すことである。

　二つは，現代の経営学の潮流に対する批判的検討である。経営学は「領域科学」といわれる向きもあり，この領域の専門化，細分化がますます進み，この傾向に沿うかのように昨年度の全国大会の統一論題では，経営学の諸潮流を取り上げている。このことは経営学の実践性からして不可避であるとしても，経営学の専門分化と全体構造との関連性を問うことは，経営学という学問にとって不可欠なことである。

第Ⅱ部
経営学の批判力と構想力

1　経営学の批判力と構想力

河　辺　　　純

Ｉ．はじめに——批判と構想の学としての経営学——

　第23回大会は「経営学の批判力と構想力」を統一論題として掲げている。本テーマの背景には，経営学が人間界のみならず自然界を含む経営世界に批判的に踏み込み，経営を包み込む世界との関連性において経営存在を解明し，未来を創造し構想する学であるという理解がある（経営学史学会第8期運営委員会「趣旨説明」2016）。また，現在の経営学史研究が危機的状況にあるなかで，歴史の批判的考察と批判に基づく構想によって，経営学史研究の存在意義をいかに示すことができるのか，という重要な課題もここには含まれている。
　ここ数年の大会の統一論題においても，経営学史におけるこのような学的志向性—批判力と構想力—が具体化され論じられてきた。2012年の第20回大会では「経営学の貢献と反省——21世紀を見据えて——」と題され，「20世紀世界」の時代性のなかで生成発展してきた経営学の徹底的自己省察の必要性と，そうした反省に基づく「21世紀経営学」の構想可能性が議論された。続く2013年の第21回大会では，「経営学に何ができるか——経営学の再生——」をテーマとしたが，それは楽観的未来の構想ではなく，第20回大会のテーマであった「20世紀経営学」のさらなる反省が試みられた。とりわけ「貨幣ベース」の利潤拡大こそを経営の発展と捉え，そうした価値に疑問を呈することなく関与してきた経営学とは別に，「人間協働」の学として生成発展してきた経営学の応答可能性についての議論が展開された。そして前回2014年の第22回大会では，過去2大会が歴史的自己省察を重視したのに対して，20世紀後半（1980年代以降）の経営学の構想力の側面に着目し，

「現代経営学の潮流と限界——これからの経営学——」をテーマとし，21世紀目前の経営学理論の潮流とその限界が示されるとともに，そこからの理論的変革可能性が展望された。

まさに経営学史研究とは，「批判力と構想力」という課題を潜在させながら発展してきた領域であることを再確認する大会がこの3年間続いてきたことが確認できる。したがって，今大会の統一論題ではそうした経営学研究の根源的問題特性をより明確にしようとしていることは間違いない。前述の各大会では，批判すなわち自己省察と構想の対象を設定し，「経営学は何を批判し，何を構想するのか」ということを中心として議論が展開されてきた。

そこで本稿では，今大会の統一論題の一つの方向性として，経営学史研究が内在させている「批判力と構想力」の本源的意味についての若干の検討を行うこととする。経営学に内在する「批判力とは何か」，そしてそこから「何を構想するのか」，さらには「経営学には批判力や構想力があるのか（あったのか）」に関していくつかの問題を提起しておきたい。

II. 経営学における批判力の基盤
——経営学では近代批判はすでに終焉してしまったのか——

経営世界の歴史を批判的に考察し，未来を構想するための前提として，そこには暗黙のうちに「いかに近代を捉えるか」，「近代資本主義社会をいかに捉えるのか」という問いが含まれてきたはずである。西洋近代文明の限界と反省，そしてそこからの再生は，20世紀の「経営世界」が様々な悲劇や大変動を経験したことも然ることながら，あらゆる学際的領域で掲げられてきた中心課題であることは否めない。

「リスク社会論」を提唱したベック（U. Beck）が主張したように，近代と言っても一括りで捉えられるものではない。それゆえ彼は，近代を次のように二分して捉える。一方では，中世までの伝統からの積極的解放を訴えてきた自由な個人を象徴とする時代は「初期近代」と捉えられている。他方で，伝統や共同体の価値と引き換えに科学や技術の発展の恩恵を受け，個人はそうしたもののうちにしか満足を見いだせない時代を「後期近代」もしくは

「再帰的近代」（reflexive modernization）と呼び，前者との連続性と非連続性に注目している。

　具体的に見れば，「初期近代」における科学技術や産業の発展は，それと引き換えに地球環境問題，テロや戦争の脅威，共同体の崩壊や多方面に拡大する格差問題等，まさしく予期せざる結果をわれわれに突きつけてきた。そこで，近代の解体を目的とする「ポストモダン」の議論が1980年代に入ると活発に展開されるようになったのである。しかし，再帰的近代の議論は，近代資本主義が生成するとともに喪失させてきた，「予期し得ない様々な危機」という事態への反省として，新たな社会が創出してきたとは捉えないのである。資本主義の勝利によって新たな姿と化した，「もう一つ別のモダニティへの途を切りひらくモダニティの《徹底化》」（Beck 1994）という要素を含みつつ進展するのが，後期近代社会の特性として問題視している。要するに，ここに自己省察の猶予など残されていないことは，経済合理性追求と相俟って進歩する科学技術や，情報産業社会の姿からも明らかとされたのである。

　そこでベックは，再帰的近代社会を「リスク社会（Risikogesellschaft）」と呼んで，初期近代と同じ基盤の延長上で理解しようとするのである。「リスク」とは，不確実な事態（uncertainty）をどこまでも確率計算可能なものへと読み替えた結果を指す概念であり，こうした経済合理性による意識の徹底的支配は，初期近代から現代に至っても変わることの無い人間の意思決定の基準として深く根ざすこととなった。[1]さらにそれは，計算可能なものであるがゆえに，それを統制し回避する技術を開発することを目的とする社会を強く要請し，主体の満足もこの目的を達成することで確保されるようになっていったのである。しかし，こうした予測不可能性を予測可能なものへと変換する過程では，計測しコントロールすることができない潜在的事態に人間はますます無力とならざるを得ないのである。

　こうした人間理性では照らし出されることのない事態が，時代とともに積み重なり，それらは「不安」という精神の問題となって個人を抑圧し，その度合いを深め不安がグローバル化しているのが現代における最大の課題であろう。その都度，リスクを回避することである程度の「満足」が得られたと

しても，予測不可能ではあるが確実に現実となる苦難に対して，多くの「不安」が伴う。そうした不安は近代から現代の過程で，さらに個人の内に蓄積されてきた。そうした問題を，先送りし，また忘却する技術力をわれわれは手に入れはしたが，やがてそれも限界を迎えるだろう。経営学は近代が生成してきた「不安」にどのように接近してきたのであろうか。また，こうした「不安」との向き合い方にこれからの経営学は貢献することができるのであろうか。

Ⅲ．意識の問題——近代主観的認識を超えて——

ここに近代文明の転回において制約となっているものが何かを考えると，そこに「意識」の問題があると考えてみたい。近代を貫く最大の制約は，人間の主観的意識，すなわち自我にあり，近代主観偏重主義からの転回が要請されて久しい。しかし近代文明は人間の主観に全てを依存し，未来を予測し意思決定することを宿命としてきた時代でもあった。客観性の確保が目的となる科学においても，主観的言説を前提とし，近代社会はこうした主観的規範によって維持されてきたのである。例えば，社会科学における人間仮説の変遷も，そのことを物語っているだろう。

近代の代表的人間である「経済人」は，自己の利益を最大化させるために行動することで，企業を中心とする組織社会に埋没してしまった。個人の自由意思は，企業組織の価値に拘束され，企業価値によって個人のアイデンティティは形成されてきた。それに対して，後期近代に入るとそうしたシステムや価値から解放され意思決定の基準を見失った人間像として，「個人化」という新たな人間像が社会学を中心に展開されるようになってきた。(Beck, Giddens and Lash 1994)。しかし，企業組織や共同体の枠組みから外れ自己決定を強いられるようになったという20世紀後半の人間も，情報コミュニケーションツールを介して形成されている新たな関係性に埋め込まれ—組織社会よりもさらに強力に支配されているようにも思われる—，自己のアイデンティティを形成しているに過ぎない。

かつて，人間の欲望は企業組織によって商品やサービスとして対象化さ

れ，主観的にそうした欲求を肯定し分析対象としてきた。その後，「個人化」を惹起させた高度情報産業革命は，個人を情報ネットワークに強力に埋め込んだ。その結果われわれは，情報技術を駆使して開発されたツールを用いて，他者といつでもどこでも「つながっている」状況に執着し，満足と安心を得るようになってしまったのである。自由意思を，グローバルなネットワークに委ね，そうした関係性から生成してくる価値に拘束され，感情をもコントロールされ，いつの間にかネットワークの世界に自己生成の場を求めるようになってしまった。こうした「土着性のないつながり」に生きる人間存在は，以前にも増して責任の所在を明確にできなくなってしまっているのではないだろうか。

　本来〈主観・主体〉(subject) は，ギリシャ語の「基体」(hypokeimenon) を訳した，ラテン語の subjectum に由来しているとされる。それは，「下に置かれたもの」「すべての根底にあるもの」といった意味合いがあり，われわれが今日理解する〈客体・客観〉(object) の意味を強く含んだ主客統合的な語であった。しかしカント以降の哲学的言説では，基体から「自我」が優越するようになり，主体から客体を分離し，能動的理性的に認識する〈主観・主体〉へと意味的転化を果たした。こうした認識が継承されてきた結果として，近代科学の発展と技術の進展，人間世界そして企業組織社会を高度に発展させてきたのである。しかしこの転化が，計り知れない悲劇と喪失をもたらしたことも事実であり，後期近代といわれる今，この近代主観主義からの再転化が主張され続けているのである。こうした事態に，経営学はそして経営実践はいかに貢献してきたのであろうか，それを検討することは無駄ではないだろう。なぜなら，言語的意味や文化的道徳的意味の同質化が科学技術の進展に相まって急速に拡大しているグローバル社会では，こうした傾向を一層強化する危険性を孕んでいるからでもある。

　経営学史研究が「歴史を繰り返させない」ために存在するのであれば[2]，そうした意味の普遍化から抜け落ちていく存在の基体—主客の織り合わさった土着的な全体—に意識を振り向けていくことが，第一に求められるはずであろう。それは従来の近代的主観に依存することなく，自己存在の徹底的反省からはじめられなければならない。また，こうした存在論的批判力は，過去

の経営学説研究や経営実践から自省的に読みとることも不可能ではないだろう。

Ⅳ. 経営学の批判力──バーナード理論にみる歴史的自己批判力──

　経営学に求められる存在論的な批判力とはいったいどのようなものであろうか。批判力が向かう先は，自己から切断された対象ではなく，そうした対象を内在する歴史的自己である。自己を徹底的に反省し，現在の自己を理解しようとする能力が批判力にほかならないだろう。さらに，批判力とは，主体的な能力でありながら，責任という要素を考えるならば，他者との相互交渉能力をも含んでいなければならない。

　人間の主体性が常に所与の客体に向けられることを否定し，歴史的伝統や価値への感覚的配慮から生成してくることを意識させた思想の一つに，バーナード（C. I. Barnard）の人間観がある。ここでは，「経営学の批判力」を明らかにする手がかりを，バーナードの人間存在への哲学的視座に求めてみたい。

　バーナードが「個人」と「人間」の二側面で人間観を提唱したのは周知ではあるが，まず彼が明らかにしようとしたのが，物的なもの，生物的なもの，社会的なものと相互交渉する人間の原初的側面であった。物的要因として個人を表現したが，それは人間を無機物として捉えようとしたのではなく──物理的な測定尺度を人間のために存在するものと位置づけるのではなく──，逆に無機物として対象化されてきた物体も，有機的な人間存在に組み込むことでその有機的な全体性が示されているのである。すなわち，人間有機体は物的なものの意味を明確にするために，そうした物との相互交渉を経ることで，あえて客体化されているのである。バーナードが，無機物にも心性を認めたホワイトヘッド（A. N. Whitehead）の哲学から影響を受けたことを考慮すれば，この要因の意味するところは明確である。

　また，生物的要因では，生命体として継承してきた環境適応能力が示されている。それは，何も人間特有の生理的適応力だけではなく，「経験の能力，すなわち過去の経験を生かして適応の性格を変える能力」（Barnard

1938, p. 11.）を持ち合わせているとされる。この能力は，個人を超えて，人類や民族が歴史的に経験してきた悲劇や喪失経験へ，意識を向かわせる能力であって，人間にはこうした歴史的土着的適応力が備わっていることが示されている。

　最後に，社会的要因においては，人間有機体間の相互交渉能力がとりあげられる。この要因は「意図と意味に対する一連の応答」（Barnard 1938, p. 12.）とも表現されるが，これは人間に潜在する最も強力な批判力の現れと理解できる。人間は，様々な環境やシステムの制約のなかで，他者とのコミュニケーションを通じて言語を共有し，対話を重ね，非論理的な欲求を論理的情報として言説化し理解可能にしてきた。情報技術の急速な進展を背景に起った現代のグローバライゼーションという現象は，過去のそれとは異なり，グローバリズムという新たな思想生成の可能性をも伴っている（佐伯 2009）。すなわち，非論理的なものから論理的なものへと理解する―近代主観主義―過程で見落としたものへの配慮を欠いた，均質的なものを common sense とし，そうした価値がグローバリズムを支える中心的思考を生成させてしまう危険性がそこには存在する。

　しかしバーナードは，科学的論理的知識となる相互作用の形式知的結果よりも，その背景となる「人間有機体の物的構成要因の歴史，歴代の先祖のこと，および有機体がどの程度他の物の行動の影響を受けているか」という質的感覚的な差異を含んだ，固有の過程を想起できる人間の能力の方をまず提示したのである。

　こうした，暗黙的で身体知のさらなる深層にある「最下層の意識層」へと向かう「一連の応答」として捉える批判力は，わが国のバーナード研究においても継承されてきた（村田 2001；庭本 2006）。論理的な経営学的言説で表現することと，非論理的な思考へ意識を向かわせることは矛盾を常に伴うが，われわれはそのことを傍観し，無責任に沈黙することはできない。

　バーナードの人間把握は，人間存在の根源的帰着の場を受容することを前提として，続く「人間の特性」における(a)活性(b)心理的要因(c)有限の選択力(d)目的への過程で，人間の自由意思が構想されていくのである。[3]しかし，20世紀の経営文明は，人間に備わった批判力を，市場経済原理によっ

て人間の欲望を充足させる力に転換し，近代主観主義の強化に貢献してきた。近代主観主義が放棄した，客観的・客体的要素をあるがままに受容する能力—人間の欲望を否定する能力としての批判力[4]—を含んだ人間の主体性を回復させることはもはや不可能なのだろうか。それは，過去の出来事を「繰り返させない」ためにも，経営の実践の自己否定と経営学の自己否定としての批判力でなければならないだろう。そうしたことへの反省的経験から，われわれ経営学者にはどのような構想力が要請されているのかを感得し，そして何を構想しなければならないのかに応える責任があるだろう。

V．経営学の構想力——喪失したものを「構想する」責任——

　人間のみが歴史的であり，その根拠は「語る」存在に見出され，その「語り」という人間行為は「沈黙」を含めた「構想」から始まる（今村 2007）。したがって，人間行為の体系である組織も歴史的であり，構想力を潜在的に有しているはずである。組織における構想力とは，人間の実践的行為の現れであって，それは沈黙を含んだ過程として現れて来る。その構想過程は，連続的かつ直線的に進展するものではなく，人間や組織の多様な価値の衝突や自然からの抵抗に遭遇することで，停滞や危機，そして「沈黙」をも含みつつ進展するのが常態なのである。

　グローバライゼーションの波は，膨大な情報やデータを処理できる技術を駆使し，われわれの欲望を変容させた。また，組織においては，意思決定のスピードをどこまでも加速させ，合理的効率の経営の要求は際限がないようにも思われる。それゆえ，経済的利潤の獲得という計算可能な目的を遂行するために，人間行為は調整されなければならず，そのためには「現状」（いま・ここ）から経営を構想することに企業組織は躍起にならざるを得ないのである。

　過去の歴史的衝突や危機といった事態からの喚起に対して，人間や組織が，言語化できない沈黙に思考を巡らせ，自らを問い直すという思考習慣—過去を想起し反省する思考習慣—を持ち合わせているとは，現在の経営実践から感じとることは困難である。ハイデッガー（M. Heiddegger）

は 1955 年に故郷で行った公演で，われわれの思惟には「計算する思惟」と「省慮に沈潜する思惟」の二種類があると言った。しかし，人類を幸福に導くであろう「省慮の思惟」は，われわれの身近に在りながら苦難を要する遠い道のりである。したがって，そうした思惟はわれわれから離れて技術的対象物を使用する「計算する思惟」に依存してしまうのである（ハイデッガー 1958）[5]。

ではわれわれは，自省的思考の契機をまったく失ってしまったのであろうか。計算可能な思考を極度に推し進める一方で，グローバライゼーションの進展は，思考までも統一化させない―グローバリズムに陥らない―契機をわれわれに見て感じとる余地を，まだわずかに残していると期待したい。そこで 20 世紀の経営文明が構築してきた生活様式と思考様式を，「不断の伝統」(unbroken tradition)（Whitehead 1933）として継承し，21 世紀の歴史を構想してしまう前に，この過程で喪失したものにいかに気づき，いかなる態様で応答していくのかが，いま経営の実践と経営学史研究における大きな責任となっているのである。

経営学とは，過去から反省的に学ぶ「歴史的反省」の学であり，そこから生成した視点から現在の経営を批判的に分析する「批判学」であり，そして未来を構想する「哲学」であることが第 19 回大会の庭本報告で示された（庭本 2012）。われわれはこれまでの経営学史研究の哲学的思考の蓄積から 20 世紀文明を自省的に批判し，度重なる悲劇に対峙できる思考を養い，これからの経営実践と経営学を構想し続けなければならない。

Ⅵ．むすびにかえて―第 23 回大会統一論題報告と議論への期待―

最後に，これまでの考察をもとに，続く第 23 回統一論題の報告と議論への期待を述べて本稿のむすびにかえたい。

まず，サブ・テーマⅠ「経営のあり方を問い直す」では，現代経営実践の批判的考察を中心に報告議論が展開されるだろう。また，過去の経営学者や経営者が危機の時代において時代の要請に応えようとして行った様々な知的営為を，現代社会が直面する危機状況において，経営学史の観点から，いか

に問い直すことができるのか，いかに貢献できるのかについて議論されることが大いに期待されるだろう。

続く，サブ・テーマⅡ「経営学のあり方を問い直す」では，経営学の現状をいかに捉え直し，現実の経営とそれを内在させた世界の歴史を経営学はいかに解釈してきたのかが示されるだろう。またそれは，経営学説思想の歴史と現代経営学の潮流に対する，批判的考察ともなり，そこから現代的意義を付け加えた新たな経営学説の構想可能性についても議論が発展することも大いに期待したい。

どちらのテーマも，経営実践と経営学が人類社会においてどのような貢献と幸福をもたらすのか，そしてそこに経営学史研究はどのような責任を果たすことができるのか，その存在意義が問われている。すなわち「真に役に立つ経営および経営学とは何か」が問われなければならないのである。それは，ただ一向に前進する予測可能な合理的経験から構想されるものではなく，過去に断絶し喪失してきたものとも徹底的に交渉し，予期し得ぬものからの呼びかけに応えることから始められるだろう。われわれが，合理的な解釈の過程で放棄してきた思考や概念を探求し続けることによってはじめて，実践志向的経営と経営学への途を開くのかもしれない。統一論題での活発な議論が，経営学史研究における現在の危機を乗り越えられるような新たな思想が生成してくる契機となることを希求したい。

注
1) ベックは，リスク概念を次のように説明している。「リスクの概念は，近代の概念です。それは決定というものを前提とし，文明社会における決定の予見できない結果を，予見可能，制御可能なものにするように試みることなのです。例えば喫煙者のガンのリスクはこれぐらい高いとか，原発の大事故のリスクはこれぐらいであるとかいう場合には，リスクというものは，ある決定のネガティブな結果ではあっても，回避可能なものであり，病気や自己の確率に基づいて計算することが可能なもの」である（ウルリッヒ・ベック『世界リスク社会論―テロ，戦争，自然破壊―』ちくま学芸文庫，2010年，27頁）。佐伯啓思も，通常は不確定（uncertainty）で確率計算などできるはずのない将来の出来事を，あたかも確率計算可能とみなして管理可能としようとしたのは，近代的な合理主義の発想であると指摘する（佐伯2009, 35頁）。
2) 経営学史学会通信第21号（2014年10月発行）において，吉原正彦第8期理事長は「経営学史は，その時代時代の経営学が描き出した経営存在の歴史を映しとる鏡として，その鏡に映しとられた歴史を解釈し，批判することを通して経営学の未来に貢献せんとするものであります。言うまでもなく学史研究は懐古趣味的なものとしてではなく，未来への発展の道を見出す

ことに意味があります。『歴史は繰り返す』ということが言われますが，しかし，学史研究は『歴史を繰り返させない』ために行うものであります」と述べている。
3）　社会哲学者の今村仁司によれば，ヨーロッパの形而上学の伝統では，人間は成就し終えた世界を眺めて世界の存在の意味を考える（思考する＝想起する）のに対して，未来を計画し現在を変革していく「近代的精神的態度」は「意志」であるとして近代以前の精神とは区別している（今村 1994，第 2 章）。バーナードの哲学的志向性には，こうした伝統的思考と近代的意志の統合的過程が含まれていると考えたい。
4）　池田善昭は主体を，「われわれの欲望の主体であり，しかも，それは同時に，その欲望を抑制する主体でもなければならなかった。つまり，欲望の主体を否定する主体，自己否定のことでもある」と説明している（池田 2014，4 頁）。
5）　「計算する思惟」が唯一の志向となった時，大きな危険が出現するとハイデガーは主張し，その危険とは第三次世界大戦の勃発といったことではなく，原子力時代の技術革命によってもたらされると考えていた。

参考文献

Barnard, C. I. (1938), *The Functions of the Executive*, Harvard University Press.（山本安次郎・田杉競・飯野春樹訳『新訳 経営者の役割』ダイヤモンド社，1968 年。）
Beck, U., Giddens, A. and Lash, S. (1994), *Reflexive Modernization: Politics, Tradition and Aesthetics in the Modern Social Order*, Polity Press.（松尾精文・小幡正敏・叶堂隆三訳『再帰的近代化──現代社会の秩序における政治，伝統，美的原理──』而立書房，1997 年。）
Whitehead, A. N. (1933), *Adventures of Ideas*, The Free Press.（山本誠作・菱木政晴訳『観念の冒険（ホワイトヘッド著作集 第 12 巻）』松籟社，1982 年。）
池田善昭編著（2014），『近代主観主義の超克──文明の新しいかたち──』晃洋書房。
今村仁司（1994），『近代性の構造──「企て」から「試み」へ──』講談社。
今村仁司（2007），『社会性の哲学』岩波書店。
河辺純（2015），「『経験としての協働』を考える」『桃山学院大学キリスト教論集』第 50 号。
佐伯啓思（2009），『大転換──脱成長社会へ──』NTT 出版。
庭本佳和（2006），「近代科学知を超えて──バーナードの方法──」『バーナード経営学の展開──意味と生命を求めて──』文眞堂。
庭本佳和（2012），「行為哲学としての経営学の方法」経営学史学会編『経営学の思想と方法（経営学史学会年報 第 19 輯）』文眞堂。
ハイデッガー，M. 著／辻村公一訳（1958），「原子時代における人間の土着性」『講座 現代倫理 第 7 巻』筑摩書房。
村田晴夫（2001），「組織における意識の問題」『経営学パラダイムの探求──人間協働この未知なるものへの挑戦──』文眞堂。
村田晴夫（2013），「経営学史における組織と時間──組織の発展と個人の満足──」経営学史学会編『経営学の貢献と反省（経営学史学会年報 第 20 輯）』文眞堂。

2 経営における正しい選択とビジネス倫理の視座

水 村 典 弘

Ⅰ．はじめに

　経営学史学会第23回全国大会で掲げられた統一論題は「経営学の批判力と構想力」であり，サブ・テーマⅠ「経営のあり方を問い直す」が設定されていた。このような課題に対して，本報告では，ビジネス倫理の領域で経営のあり方がどのように論じられてきているのかについて検討し，経営学の批判力と構想力を浮き彫りにしようとした。
　ビジネス倫理は，「どのような経営意思決定が倫理的に正しいのか」「企業人としてどのように判断し行動すべきなのか」についての指針を示している。現代の学としてのビジネス倫理学はその性格上，経営における正しい選択を導く規範的な学問であるとともに，すぐれて実践的な性格を有しているといえよう。しかし，価値判断を持ち込むべきでないという見方も根強く，「倫理なき戦略」「戦略なき倫理」といった二分法の論点が設定されることもある。この場合，「正しいことをして業績を伸ばす（Do Well by Doing Good）」といった打算も透けて見えるCSV（Creating Shared Value：共通価値創造）や当事者双方の利害得失を踏まえた善行は，企業の目的に適った有効な戦略であっても，倫理妥当性に欠くとされる。行為の動機に重きを置く非帰結主義の立場に立てば，困難な状況にその身を置く人に支援の手を差し伸べるのは，見返りを期待してではなく，あくまで「そうするのが正しい」「そうすべきである」と考えられているからである。では，ビジネス倫理学の観点から見て，どのようなコンセプトが善しとして推奨されるのか。たとえば，ステークホルダー論者と呼ばれる一派は，哲学者カントの唱えた定言命法を援用して，CVS（Creating Value for Stakeholders：ステークホ

ルダーにとっての価値創造）を提示している。CVS がその理念として掲げるのは，企業を取り巻く多種多様なステークホルダーにとって良い状態を確立・維持し，ステークホルダー一人ひとりに対して便益や恩恵を与えることである。これまでの議論から明らかなように，CSV/CVS 一つとってみても，戦略論の領域で主張される CSV とビジネス倫理学の領域で主張される CVS は鋭く対立し，妥協点を見出せない状況が続いている。

　本稿は，規範的な性格を持つビジネス倫理学の領域において，経営のあり方がこれまでどのように論じられてきているのかを明らかにするものである。「Ⅱ．経営者の倫理とジレンマ問題」では，ビジネスのプロ化が唱えられていた 20 世紀初頭のアメリカにまでさかのぼって，なにが経営のあり方を規定していたのかについて考察する。また，「ビジネス倫理学の生みの親」と仰がれるバウムハート（Baumhart）にスポットライトを当て，彼が明らかにした「ジレンマ問題」について検討を加える。「Ⅲ．企業不正と三位一体の規律付け」では，経営のあり方を抜本的に見直すきっかけになった企業不正に対してどのような取り組みが進められたのか，企業倫理の確立に際してビジネス倫理学者はどのような役割を果たしたのかを明らかにする。「Ⅳ．MBA プログラムと倫理教育」では，ビジネス・スクールで行われるビジネス倫理教育の意義について確認する。最後に，「Ⅴ．正しい選択へと導く倫理のレンズ」では，経営における正しい選択を行う際の規準を示し，経営のあり方を問い直す際にビジネス倫理の領域で推奨される視点を明らかにする。

Ⅱ．経営者の倫理とジレンマ問題

　ビジネスのプロ化が盛んに唱えられていた 20 世紀初頭のアメリカで，企業の経営者は高邁な倫理観を兼ね備えていなければならないとされていた（Brandise 1914）。単なる金儲けの次元を超えた「プロ化（職業化・専門化）したビジネス」は時代の要請であり，プロフェッショナリズムに裏付けられた経営者のリーダーシップこそが経営のあり方を規定すると考えられていた（Gordon and Howell 1959；Khurana 2010）。

経営者のリーダーシップ開発で先導的な役割を果たしてきているハーバード・ビジネス・スクール（以下，HBS と表記）は，1928 年の時点ですでに「ビジネス倫理」をケース・メソッドの形式で開講していた（Donham 1927a, b, c）。しかし実のところ，倫理教育の内容や方法論は未整備の状態で，1935 年まで開講されていた講義はさながら日曜学校のようであったという（Abend 2013；Taeush 1926, 1928, 1931）。

その後，23 年もの空白期間を経て，HBS の MBA プログラムに設置された複数の科目をグループ化した「（倫理モジュール）意思決定と倫理的な価値観」（Ethics Module：Decision Making and Ethical Values）が設置され，高度に専門的なビジネス倫理教育の基礎が固まった（Piper, Gentile and Parks 1993）。ここにきてようやく，プロフェッショナリズムに基づく「経営者のリーダーシップ」といった観点からビジネス倫理が系統立てて教育されるようになったのである。時期を前後して，「（企業が）社会の役に立つ」「（企業が）公共のために尽くす」という側面にスポットライトが当たり，社会公共の受託者としての「経営者としての責任」が強調された（Merrill 1948；Bowen 1953；Heald 1957；Selekman 1959）。社会との関係において経営のあり方を規定する研究は「経営における社会的課題事項（Social Issues in Management）」「企業と社会（Business and Society）」と呼ばれる新たな研究領域を組成し，ビジネス倫理学とは別の路線を歩むことになる（Davis 1960；Frederick 1960）。

プロフェッショナルの倫理とは異なる視点から，経営の実践に目を向け，「実利的な選択肢」と「理に適った選択肢」「個人の良心・価値観」との狭間で揺れ動く経営者の心情を精緻な分析で詳らかにしたのが，その当時 HBS の博士課程に在籍していたバウムハートである。彼は，経営全般に対して責任を持つ経営者に照準を絞り，「経営者は果たして倫理的なのか（How ethical are businessman）」「経営者はなにを拠り所として倫理的な判断を下すのか」について多様な視点から記述的な分析を行っている（Baumhart 1961, 1968）。「ビジネス倫理学の生みの親」ともいわれる彼は，倫理ジレンマ（ethical dilemma）状況における個人の意思決定について言及した最初の人物で，HBS に在籍した教授陣（例：ナッシュ［Nash］，バダラッコ

[Badaracco]）の研究や，個人の良心に訴えるビジネス倫理特有の学科教授法（teaching methods）に多大な影響を与えたといわれる（Ciulla 2011）。倫理ジレンマとは，「選択肢(a)は倫理的でなく，それに代わる選択肢(b)も倫理的でない」「選択肢(a)・(b)の他に選択の余地はない」「そのどちらを選んでも倫理的でない」という形で定式化される。彼の手による一連の研究は，膨大な質問票とインタビュー調査からジレンマ問題を抽出した先駆的なもので，経営者の意思決定のあり方にビジネス倫理学者の目を向けさせるトリガー（引き金）となった点で先見的な研究であったことはいうまでもない。しかし彼の関心は，あくまでも経営者個人の価値観に向けられたものであり，企業を取り巻く外部要因が経営者の意思決定に与える影響や，経営者がジレンマを感じる内的要因にまで踏み込んで探求するものではなかった。

Ⅲ．企業不正と三位一体の規律付け

　経営のあり方を抜本的に見直すきっかけになったのは，1970年代のアメリカで相次いで露呈した「（企業における）倫理の失敗」をおいてほかにない。度重なる企業不正を背景として，「経営者としてなにをするのが倫理的に正しいことなのか」をビジネス倫理学の観点から見出し系統的に研究する学問としてのビジネス倫理学がここに成立した。併せて，MBAプログラムのビジネス倫理教育の見直し作業や，ビジネス倫理に特化したテキストの編纂作業が進められただけでなく，公的機関・自主規制機関・個別企業・ビジネス倫理学者が連携体制を組んで企業の経営全般を規律して正しく導く制度の基盤が整備された（Bowie 2013, p. 211；DeGeorge 1978；Beauchamp and Bowie 1979；Barry 1979；Donaldson and Werhane 1979）。

　当時のアメリカでは，不正の実態がメディアに暴かれ，CEO（Chief Executive Officer：最高経営責任者）に対する信頼は地に墜ちていた。このようにして失われた信頼を取り戻すために，「国立人文科学基金」（National Endowment for the Humanities：NEH）は，「ビジネス倫理教育特別委員会（Committee for Education in Business Ethics：CEBE）」「アメリカ哲学会（American Philosophical Association）」「ビジネス・スクール（例：

ウォートン・スクール［Wharton School］など）」やビジネス倫理学者などと手を組み，MBA プログラムにおける倫理教育の内容と方向性を抜本的に見直すためプロジェクト（1974～1977 年）を実施した。その後，ビジネス倫理学者が旗振り役となって「（ワークショップ）ビジネスと専門職倫理の領域における課題・教育課程・教育プログラム」（A Workshop on Issues, Courses, and Program in Business and Professional Ethics）を 1978 年に開催し，CEBE が作成した NEH レポートを軸にビジネス倫理教育の大胆な改革が推し進められたのである。

　それと歩調を合わせるかのように，経営全般を規律して正しく導く制度——公的規制・自主規制・企業倫理——も急ピッチで整備された（Epstain 1987, 2007）。この種の三位一体の規律付けのメカニズムについては，かねてより「法の外面性，道徳の内面性」と言われるようにその性格付けが異なる。つまり，世論の動向や議会・行政の意向を汲んで定立される法規制や，業界団体内部での利益調整や合意形成を踏んで定められる自主ルールの類は，違反者に対する一定の制裁を併せ持って相手方に作用する。それに対して，「自己統治（self-governance）型の経営倫理」「インテグリティ（誠実さ）に基づくプログラム」は，企業組織とその構成員各人の内発性や自発性に重きを置く道徳規範なのだとされる（Paine 1994, 2003a）。

　「倫理の失敗」を契機として時代の表舞台に立ったビジネス倫理学者は，ビジネス倫理学のディシプリンを拠り所として，経営のあり方に一石を投じ，企業倫理推進を目的とした制度設計の面でも一定の成果を出してきている。世論が後押ししたとはいえ，こうしたマルチタスクな役割を果たすことができたのは，とりもなおさずビジネス倫理学者が，次世代の経営幹部（エグゼクティブ）を養成するビジネス・スクールに籍を置くとともに，経営者団体に設置された経営倫理委員会や，社内で編成されたリーダーシップ開発プログラムや経営幹部向けのセミナーに参画していたからにほかならない（Goodpaster 2007, p. 217）。経営の現場の声を知っているからこそ，経営の実践に対しビジネス倫理学がその批判力と構想力を発揮することができたのである。

Ⅳ. MBAプログラムと倫理教育

　ビジネス倫理学者がその活動拠点と定めるビジネス・スクールで開講されるMBAプログラムでは，経営管理に関わる高度に専門的な知識や技能（スキル）の教育は言うに及ばず，「倫理的な価値観」「個人的な信条」「事に当たる態度」までも包括したカリキュラムが編成されている。なかでもビジネス倫理教育科目（例：リーダーシップとアカウンタビリティ，ビジネスにおける倫理と責任，ビジネス倫理と企業責任など）については，将来的に経営幹部となる受講生のマインドに「高邁な倫理観」「道徳的・社会的な責任の感情」「社会的責任に対する意識」を組み込むことが期待されている（Piper, Gentile and Parks 1993）。

　また，ビジネス・スクールが実践を重んじることから，ケース・メソッド形式の講義やケース・スタディ（事例研究法）がかねてより導入されてきている（Donaldson 1984）。たとえば，「倫理の失敗」として取り上げられる「フォード・ピント・ケース」については，「収支決算（bottom line）」「費用便益分析」が経営者の倫理的な判断を歪めるといった心理現象が強調される。それに対して，模範的なケースとして取り上げられるジョンソン・エンド・ジョンソンの「タイレノール事件」については，「顧客への責任」を第一に掲げた「我が信条」（Our Credo）に基づく迅速な対応が強調され，経営の根幹に企業理念・倫理規定を据えることの重要性が教示される。

　ビジネス倫理の領域で取り上げられるケースの多くは，ビジネス上の決定（business decision）と倫理上の決定（ethical decision）を取り違えて誤った判断を下してしまった事案や，そのどちらを選んでも心的葛藤の状態に追い込まれるような事案から構成されている。前者に関しては，確信犯的な事案はもとより，職場や社内で起こる「意図せぬ不正」（unintentional unethical behavior）に視点を置く行動意思決定論（behavioral business ethics）や行動倫理学（behavioral ethics）の成果を適用し，不正や悪事に手を染める人の倫理観の揺らぎや心理変容のプロセスにまで踏み込んだ分析が行われている（Treviño, Weaver and Reynolds 2006；Bazerman and

Tenbrunsel 2012)。また，後者については，倫理ジレンマに陥るような状況が敢えて設定され，「なにを信じればよいのか」「なにを拠り所として倫理的な判断を下すべきなのか」「どう行動すればよいのか」について意思決定者各人に内省（reflection）を促すことを目的としてケース・ディスカッション（討議）の全体が運営される（Paine 2003b）。

　MBA プログラムの講義で採用されるビジネス倫理のテキストには，以下のような簡易判定テストも掲載されている。具体的には，① ニューヨーク・タイムズ・テスト（＝自分のとった言動が翌朝の朝刊一面トップに掲載されても，自分と家族の体面は汚されないか），② 世間体テスト（＝自分の言動が表沙汰になっても，自分の面目を保つことができるか），③ 置換テスト（＝相手に与えた不利益が我が身に降りかかっても受け止められるか），④ 一般化テスト（＝自分の言動を他のだれかがとっても問題ないか）である（Wicks, Freeman and Werhane et al. 2010）。それぞれの問いに対して，YES（はい）と答えられるのなら，なんら問題はない。しかし，NO（いいえ）という言葉が自分の口から一度でも出てきたら，止めた方が得策なのだという。大事なのは，あれこれ想像力を巡らしながら，それぞれの選択肢とそれがもたらす結果やその確率をシミュレーションし，唯一最善の選択肢を自己の純粋な意志に導かれて採択することなのだとされる。

V．正しい選択へと導く倫理のレンズ

　MBA プログラムで開講されるビジネス倫理科目の多くは，倫理的な価値観に基づく決断に重きを置く。組織における個人の倫理的な意思決定プロセスについては，① 倫理意識を高める（ethical awareness），② 倫理的な判断を下す（ethical judgement），③ 倫理的に行動する（ethical action）といった段階を踏むとされる（Treviño and Nelson 2011）。これはあくまで規範的な意思決定モデルであって，実際の意思決定がその通りに行われるとは限らない。こうした点を踏まえたうえで，①については，意思決定者本人の倫理意識を有効化（アクティベート）する段階で，最も重要視される。なぜなら，倫理のアンテナの受信感度を上げなければ，倫理課題から発射される微

弱で周波数も異なる電波を受信できないからである。続く②では,「道徳的な熟考 (moral reflection)」「道徳的な想像力 (moral imagination)」を働かせることが重要視される (Werhane and Moriarty 2009)。そうすることで,日々の業務や算盤勘定の影に隠れがちな倫理意識が前面に出て,倫理的に正しい選択肢を選び取る効果を期待しているからである。では,倫理的に正しいとは一体どのような状態を指しているのであろうか。このことについて,AACSB international (2004) は,以下のアプローチを示している。

・**帰結主義のアプローチ**：自分たちの決定内容が各ステークホルダーに与える利害得失を洗い出し,「最大多数の最大幸福」を基準として各ステークホルダーの折り合いのつくところで妥協点を見出す。
・**義務論のアプローチ**：決定内容を「道徳規準」「社会的な道義」「道徳法則（道徳的行為の基準となる法則）」に照らして検証する。
・**徳倫理のアプローチ**：「人としてどうあるべきか」「人としてどのような性格を持つべきなのか」について検討する。

これらのアプローチから成る「倫理のレンズ」(ethical lens) は,「トリプル・レンズ・フレームワーク」の一つで,「経済のレンズ (economic lens)」「法律のレンズ (legal lens)」に次ぐ第3のレンズと呼ばれる (Rosenberg 2006)。

ではなぜ次世代の経営幹部の養成に主眼を置くビジネス・スクールで「倫理のレンズ」を取り込んだケース分析が導入されているのであろうか。また「倫理ケース」を積み重ねることで果たしてどのような効果が得られるのか。先ず以て,「倫理のレンズ」を通して経営のあり方を俯瞰的・批判的に見る視点を個人の内に確立するためである。つまり,損得勘定や法制度を一旦脇に置き,「倫理のレンズ」を通して目の前の現実を分析し「なにが倫理的に正しくて,なにが倫理的に正しくないのか」についての複眼的な視野を持つことが重要視されているのである。

VI. おわりに

本稿は,ビジネス倫理学の観点から,経営のあり方がこれまでどのように

論じられてきているのかについて検討したものである。

20世紀初頭のアメリカでは，プロフェッショナリズムに裏付けられた経営者のリーダーシップこそが経営のあり方を規定すると考えられていた。しかし，プロフェッショナルとしての経営者を養成するために設立されたビジネス・スクールでビジネス倫理学が系統立てて教育されるようになったのは，20世紀も中盤の1958年のことである。その後，「ビジネス倫理学の生みの親」とも称されるバウムハートが「倫理ジレンマ」の存在を発見し，彼以降のビジネス倫理研究と学科教授法に大きな影響を与えた。

ビジネス倫理学者が中心となって経営のあり方に軌道修正を迫ることとなったのは，1970年代のアメリカで相次いで起きた「(企業における) 倫理の失敗」を契機としてである。企業不正で失われた信頼を取り戻すため，ビジネス倫理学者は，ビジネス・スクールのMBAプログラムで行われていた倫理教育の大胆な改革を推し進めるとともに，経営全般を規律して正しく導く制度——公的規制・自主規制・企業倫理——の設計や企業倫理推進に積極的に関与することで，社会的なプレゼンスを高めたのである。このことは，とりもなおさず経営の実践に対しビジネス倫理学がその批判力と構想力を発揮しえていたことを物語っている。

では，現在のビジネス・スクールに籍を置くビジネス倫理学者たちは，経営のあり方に対して，どのような視点を持つのであろうか。本稿で指摘したように，ビジネス倫理学者は，「倫理のレンズ」を通して経営の実践を分析的・批判的に視る。このタイプのレンズは，規範倫理学の代表的な学説——帰結主義・義務論・徳倫理——で構成され，「経済のレンズ」「法律のレンズ」に次ぐ第3のレンズとも呼ばれる。「経済のレンズ」を通して利に適った経営であっても，「倫理のレンズ」を通して視るとまた別の見方ができる。法規範についても同様である。経営における正しい選択を行う際には，こうした3種のレンズを駆使して目の前の現実を複眼的に見て経営全般を正しく導く必要がある。

参考文献

AACSB International, (2004), "Ethics Education in Business Schools: Report of the Ethics

Education Task Force to AACSB International's Board of Directors."
Abend, G. (2013), "The Origins of Business Ethics in American Universities, 1902-1936," *Business Ethics Quarterly*, Vol. 23, No. 2, pp. 171-205.
Abend, G. (2014), *The Moral Background: An Inquiry into the History of Business Ethics*, Princeton University Press.
Badaracco. J. L. (1997), *Defining Moments: When Managers Must Choose between Right and Right*, Harvard Business School.（金井壽宏監訳・福嶋俊造訳『決定的瞬間の思考法──キャリアとリーダーシップを磨くために──』東洋経済新報社，2004年。）
Barry, V. (1979), *Moral Issues in Business*, Wadsworth.
Baumhart, R. C. (1961), "How Ethical are Businessman?," *Harvard Business Review*, Vol. 39, No. 4, pp. 6-32.
Baumhart, R. C. (1968), *Honest Profit: How Businessman Say about Ethics in Business*, Holt, Rinehart and Winston.
Bazerman, M. H. and Tenbrunsel, A. E. (2012), *Blind Spots: Why We Fail to Do What's Right and What to Do about It*, Princeton University Press.（谷本寛治監訳『倫理の死角──なぜ人と企業は判断を誤るのか──』NTT出版，2013年。）
Beauchamp, T. L. and Bowie, N. eds. (1979), *Ethical Theory and Business*, Prentice-Hall.
Bowen, H. R. (1953), *Social Responsibilities of Businessman*, Harper.
Bowie, N. E. (1966), "Business Ethics," In De Marco, J. P. and Fox, R. M. eds., *New Directions in Ethics: The Challenge of Applied Ethics*, Routledge.
Bowie, N. E. (2013), "Crucial Decisions for the Teaching of Business Ethics: Some Important Historical Background," *Business Ethics in the 21st Century*, Springer.
Brandeis, L. D. (1914), *Business: A Profession*, Maynard and Company.
Ciulla, J. B. (2011), "Is Business Ethics Getting Better?: A Historical Perspective," *Business Ethics Quarterly*, Vol. 21, No. 2, pp. 335-343.
Davis, K. (1960), "Can Business Afford to Ignore Social Responsibilities," *California Management Review*, Vol. 2, No. 3, pp. 70-76.
DeGeorge, R. T. (1978), *Ethics, Free Enterprise and Public Policy: Original Essays on Moral Issues in Business*, Oxford University Press.
Donaldson, T. J. and Werhane, P. eds. (1979), *Ethical Issues in Business: A Philosophical Approach*, Prentice Hall.
Donaldson, T. J. (1984), *Case Studies in Business Ethics*, Prentice Hall.
Donaldson, T. J. and Freeman, R. E. eds. (1995), *Business as Humanity*, Oxford University Press.
Donham, W. B. (1927a), "Some Recent Books on Business Ethics," *Harvard Business Review*, Vol. 5, No. 2, pp. 245-250.
Donham, W. B. (1927b), "The Social Significance of Business," *Harvard Business Review*, Vol. 5, No. 4, pp. 406-419.
Donham, W, B. (1927c), "The Emerging Profession of Business," *Harvard Business Review*, Vol. 5, No. 4, pp. 401-405.
Elms, H., Brammer, S., Harris, J. D. and Phillips, R. A. (2010), "New Directions in Strategic Management and Business Ethics," *Business Ethics Quarterly*, Vol. 20, No. 3, pp. 401-425.
Epstein, E. M. (1987), "The Corporate Social Policy Process: Beyond Business Ethics, Corporate Responsibility and Corporate Social Responsiveness," *California Management Review*, Vol. 29, No. 3, pp. 99-114.

Epstein, E. M. (2007), "The Good Company: Rhetoric or Reality? Corporate Social Responsibility and Business Ethics Redux," *American Business Law Journal*, Vol. 44, No. 2, pp. 207-222.
Freeman, R. E., Harrison, J. S. and Wicks, A. C. (2007), *Managing for Stakeholders: Survival, Reputation, and Success*, Yale University Press.（中村瑞穂［訳者代表］『利害関係者志向の経営——存続・世評・成功——』白桃書房，2010年。）
Frederick, W. C. (1960), "The Growing Concern over Business Responsibility," *California Management Review*, Vol. 2, No. 4, pp. 54-61.
Goodpaster, K. E. and Mathews, J. B. (1982), "Can a Corporation Have a Conscience?," *Harvard Business Review*, Vol. 60, No. 1, pp. 132-141.
Goodpaster, K. E. (2007), *Conscience and Corporate Culture*, Blackwell.
Gordon, R. A. and Howell, J. E. (1959), *Higher Education for Business*, Columbia University Press.
Jacoby, N. H. (1973), *Corporate Power and Social Responsibility*, Collier Macmillan.
Rosenberg, J. S. (2006), "An Education in Ethics: Teaching Business Students Life Lessons in Leadership," *Harvard Magazine*, pp. 42-103.
Heald, M. (1957), "Management Responsibilities to Society: The Growth of an Idea," *Business History Review*, Vol. 31, No. 4, pp. 375-384.
Khurana, R. (2010), *From Higher Aims to Hired Hands: The Social Transformation of American Business Schools and the Unfulfilled Promise of Management as a Profession*, Princeton University Press.
Merrill, H. F. (1948), *The Responsibilities of Business Leadership*, Harvard University Press.
Nash, L. L. (1990), *Good Intentions Aside: A Managers Guide to Resolving Ethical Problems*, Harvard Business School Press.（小林俊治・山口善昭訳『アメリカのビジネス倫理——企業行動基準の再構築——』日本生産性本部，1992年。）
Paine, L. S. (1994), "Managing for Organizational Integrity," *Harvard Business Review*, Vol. 72, No. 2, pp. 106-117.
Paine, L. S. (2003a), *Value Shift: Why Companies Must Merge Social and Financial Imperatives to Achieve Superior Performance*, McGraw-Hill.（鈴木主税・塩原通緒訳『バリューシフト——ビジネス倫理の新時代——』毎日新聞社，2004年。）
Paine, L. S. (2003b), "(Rotman Magazine's Special Issue on Corporate Responsibility) Harvard Professor Lynn Sharp Paine: The Value Shift," *Rotman Magazine*, pp. 12-15.
Piper, T. R., Gentile, M. C. and Parks, S. D. (1993), *Can Ethics Be Taught?: Perspectives, Challenges, and Approaches at Harvard Business School*, Harvard Business School Press.
Porter, M. E. and Kramer, M. R. (2011), "Creating Shared Value: How to Reinvent Capitalism and Unleash a Wave of Innovation and Growth," *Harvard Business Review*, Vol. 89. No. 1-2, pp. 62-77.（「共通価値の戦略——経済的価値と社会的価値を同時実現する——」『ダイヤモンド・ハーバード・ビジネス・レビュー』2011年6月号，ダイヤモンド社，8-31頁。）
Selekman, B. M. (1959), *A Moral Philosophy for Business*, McGraw-Hill.
Taeusch, C. F. (1926), *Professional and Business Ethics*, Henry Holt and Company.
Taeusch, C. F. (1927), "The Significance of Professional and Business Ethics," *The Philosophical Review*, Vol. 36, No. 6, pp. 552-561.
Taeusch, C. F. (1928), "The Logic of the Case Method," *The Journal of Philosophy*, Vol. 25, No. 10, pp. 253-263.
Taeusch, C. F. (1931), *Policy and Ethics in Business*, McGraw-Hill.
Treviño, L. K., Weaver, G. R. and Reynolds, S. J. (2006), "Behavioral Ethics in Organizations: A

Review," *Journal of Management*, Vol. 32, No. 6, pp. 951-990.
Treviño, L. K. and Nelson, K. A. (2011), *Managing Business Ethics: Straight Talk about How to Do It Right*, 5th edition, Wiley.
Walzer, M. (2011), "On Humanitarianism: Is Helping Others Charity, or Duty, or Both?," *Foreign Affairs*, Vol. 90, No. 4, pp. 69-80.（竹下興喜監訳／石井知・藤原朝子訳「苦しみのなかにある人を助けるのはチャリティか，責務か——人道主義における義務と思いやりについて——」『フォーリン・アフェアーズ リポート』2011-No. 8, 5-16頁。）
Werhane, P. H., Hartman, L. P., Archer, C., Englehardt, E. E. and Pritchard, M. S. (2014), *Obstacles to Ethical Decision-Making: Mental Models, Milgram and the Problem of Obedience*, Cambridge University Press.
Werhane, P. H. and Moriarty, B. (2009), "Moral Imagination and Management Decision Making," Business Roundtable Institute for Corporate Ethics.
Wicks, A. C., Freeman, R. E., Werhane, P. H. and Martin, K. E. (2010), *Business Ethics: A Managerial Approach*, Prentice Hall Pearson.

3　経営管理論形成期における
　H. S. デニスンの「長期連帯主義」思想

中　川　誠　士

I．はじめに

　加護野忠男は，2014年に上梓された『経営は誰のものか　協働する株主による企業統治再生』において，日本における過去20年間にわたる企業統治制度の改革が失敗であったと断じ，その原因を，本来「国の文化や歴史的な発展過程の産物」であるはずの企業統治の制度や慣行を性急に英米流の企業統治の方向に変革することへと舵が切られたことに，しかも「法治主義が強まり，何もかも法律で決めようとしたこと」に求めている。その結果，「よいことが起こるようにする」ことよりも「悪いことが起こらないようにする」ことを目的として優先させ，「日本企業から元気を奪（い）……まさに角を矯めて牛を殺す」弊害をもたらしたというのである（加護野 2014, 102-208頁）。

　そして加護野は，日本企業が再び活力を取り戻すためには，これまでの企業統治や取引の様々の慣行の背後で見え隠れしてきた「長期連帯主義」の思想を再評価すべきであるという。加護野は長期連帯主義を「企業と強い連帯関係を持つ人々に企業の経営と統治を委ねておけば，その他のステークホルダーの利益も自動的に守られるという一種の予定調和思想……あるいは，長期的な連帯意識を持つ人々が企業統治の正当な主権者になるべきであるという正義観」（加護野 2014, 67頁）と定義している。

　このような加護野の主張を「日本的経営」論の系譜に連なるものとして捉えることも可能であろうが，加護野自身が米国における連帯主義への傾斜を示す動きに言及している（加護野 2014, 80-81頁）ことからも示唆されるよ

うに、「長期連帯主義」の思想は条件次第では日本以外の国においても妥当であるかもしれず、普遍的意義を有するものであるかもしれない。例えば、「どのような条件の下で企業統治は持続的競争優位の源泉となりうるのか」を問うバーニー（J. B. Barney）は、企業統治と競争力の関係の重視という点で、加護野と共通の問題意識を抱いている（Barney, et al. 2001, p. 632）。企業統治の問題には言及していないが、「会社は、従業員がお互いに連帯（committed）し合うとともに企業に対しても連帯（committed）する参加の場に、自らを作り変えなければならない」ことを主張するミンツバーグ（H. Mintzberg）も、別の観点から共通の問題に接近している（Mintzberg 2009, p. 140）。また、このような思想を、サウスウエスト航空やリンカーン・エレクトリックといった現在のハイ・パフォーマンス企業の経営理念の中に見い出すことも可能であろう（中川 2006, 167-193, 231-243頁）。日本の文脈の中で加護野によって再評価されることとなった「長期連帯主義」は、むしろ英米流の経営思想とは全く異質なものであった訳では必ずしもなく、その主流ではなかったにしても、途切れることのなかった一つの水脈として捉えられるべきであるかもしれない。このように捉えられるならば、その流れを汲む代表的経営学者として、デニスン（Henry Sturgis Dennison）ほど今日その再評価が俟たれる者はいないであろう。経営学史学会編『経営学史事典 [第2版]』の「Ⅳ人名」の章では説明項目を与えられていないデニスンを、取り上げる所以でもある。

Ⅱ．デニスンの生涯

経営学のビッグネームたちに比べると、デニスンはせいぜい、「経営学教科書において脚注で触れられる程度の人物でしかない」（Anonym 1964, p. 54）かもしれないが、今改めて、デニスンの活動の軌跡を追ってみると、今日における認知度の低さが不当に思えるほどの活躍をした人物であることが分かる。50年以上前においてさえも、*Business Week* における経営学の開拓者たちを扱った連載エッセイは、「歴史は彼（デニスン）に正確なタグをつけることができなかった」（Anonym 1964, p. 54）と皮肉を述べているほ

どである（タグすなわち荷札はデニスン製造会社の重要な製造品目の一つであった）。デニスンの幅広い活動は，ネルソン（D. Nelson）によれば，実業家，経営学研究者，社会改良家，公僕としてのそれに分類される（Nelson 1999, pp. 445-446）。

デニスンは，1877年3月4日にマサチューセッツ州ロクスベリーに生まれ，1899年にハーバード大学を卒業した後すぐに，祖父 E. W. デニスンが1844年に事実上創業したファミリー企業で，宝石箱，タグ（荷札），ラベル，封蠟等の紙製品や文房具を製造するデニスン製造会社（Dennison Manufacturing Company，以下，デニスン社）に入社して，実業家としての経歴をスタートさせた。工場支配人（1906年），取締役（1909～1952年），購買部長（1910年），財務部長（1912年）を歴任した後，1917年に社長に就任し，1952年2月29日に死去するまでその地位にあった。この間に，科学的管理のあらゆる要素の試験場として自社を提供するとともに，利潤分配制，従業員代表制，雇用部，企業内失業保険等の先進的な人事管理の施策を他社に先駆けて導入したが，彼の実業家としての最も野心的で革新的な企ては，会社の支配権を外部株主から経営者や従業員へ移すために1911年に導入した「産業パートナーシップ計画」（Industrial Partnership Program）であった（Anonym 1919, pp. 6-9；中川 1998；2000）。

経営学研究者として，デニスンは生涯に少なくとも8冊の著書（共著を含めて）と31本の論文を発表しているが，その中でも特に重要な著作は，「構造よりはむしろ個人と集団に重要性を置くことによって公式組織の行動的基礎に関して洞察力に富む見解を提示した」（Duncan and Gullett 1974, p. 134）と評される，1931年に出版された *Organization Engineering*（以下，『組織のエンジニアリング』）である。1919～1921年には，オターソン（J. E. Otterson）の後を受けて，テイラー協会会長を務めている。また，1920年にフィレーン（E. A. Filene）とともに共同設立者としてその創設に携わった20世紀財団（1926～1952年評議員）での活動との関連で，1923年にアメリカ経営管理協会（AMA）を創設するとともに，国際経営管理協会（IMI）を立ち上げ，ヨーロッパにおける科学的管理運動に協力した（Reagan 1999, pp. 126-127）。

社会改良家としての活動としては,地元の教会での素人牧師としての説教や州立女性感化院の活動への援助等の地域社会に対する貢献をはじめとして多彩な活動を行っている。ここでは特に,1912年～1916年に理事と副会頭を務めたボストン商工会議所との関連でロクスベリー職業紹介所の運営に関与したことが縁となって,フォレット (M. P. Follett) をビジネスへの関心にいざなうことになったことを指摘しておきたい (三戸・榎本 1986, 67-71頁)。

公僕としての活動も非常に多岐にわたっており,以下列挙するにとどめておきたい。マサチューセッツ州年金委員会委員 (1913年),戦時産業委員会副委員長 (1917～1918年),計画統計中央局副理事 (1917～1918年),ウィルソン政権産業会議委員 (1919年),ハーディング政権失業委員会委員 (1921年),合衆国郵政省福利厚生部門理事 (1922～1928年),禁酒法施行に関するウィッシャーカム委員会委員 (1930年),ローズベルト政権企業諮問会議委員 (1933年),商務省産業諮問委員会議長 (1934年),全国資源計画委員会顧問 (1935～1943年),国際労働機関 (ILO) への合衆国初代使用者側代表 (1935～1939年),ボストン連邦準備銀行理事兼副議長 (1937～1945年)。

Ⅲ. 経営学史におけるデニスンの位置づけ

デニスンの学説は経営学史の何処に最もよく位置づけられるべきであろうか。デニスンが論文や著書を最も精力的に発表した次期 (1915～1951年) は,科学的管理運動がそのピークから衰微へと向かい,代わってL.アーウィック (H.ファヨールの影響を受けた) 以降の管理過程論が発展した時期に当たる。従って,デニスンの学説は,両者の性質を併せ持っていると言えるかもしれない。しかしながら両者に分類されえない性質をも含んでいるかもしれない。デニスンの1920年代までの経歴が物語っているように,まず彼が科学的管理運動の強い影響下で,経営管理や組織についての考察を開始したことは疑いない。そしてその後も,テイラーよりも幅広い企業経営全体の観点から考察したとはいえ,テイラーが抱いた問題意識を継承したとい

える。そのことは，管理過程論に立つL.ギューリックとL.アーウィックが編集してはいるが，彼らとは関心や研究方法を異にする論者をも集めたという意味で1937年時点での経営管理論の展開の縮図であったともいえる，『管理科学論集』に所収されている論文における，デニスンの以下の見解に示されている。

「工場管理の初期の時代においては，それにまつわる問題や条件は比較的単純であって，そこに含まれる様々の職務を管理する義務は，全ての種類の人々の一団全体の肩にかかっていた。個々の人は自己流の方法を使い，当然ながらそれで不都合はなかったのであり，管理の能力は直覚的なコツであり，管理者は作られるものではなく生まれるものであり，規則はほとんど規定されえず，そして相互に学習できるようなことはほとんどないということが，一般的な信念になっていた。……（しかしながら）工場管理にまつわる諸問題と諸条件が益々複雑となり厳密さを要求されるようになるにつれて，管理の技術が直感的で非常に個人的なコツを超える何かであるということを，益々多くの人が信じるようになった。第一次世界大戦前に，かなりの規模をもった中核となる集団が，そこに含まれる諸要因の観点から，因果関係に注目しながら，管理の技術を研究し始めていた。……管理についての最初の諸研究は，大部分記述的なものであった。組織の諸形態と管理の諸方法が詳細に記述され，その結果それを読んだ人たちが，その計画，諸形態，諸手段を書かれている通りに模倣し，彼ら自身の課題に応用しようとした。これは組織図の全盛期であって，工場の統治のための組織についての解剖学的構造分析が，ほとんどあたかもそれ自体が目的であるかのように崇拝された。ある会社の構造やカード・システムを丸ごと模倣しようとしたときに生じた諸困難は，最初はその運動全体を妨害し，次に単に記述的である以上の研究を強く要請した。現在，われわれは管理の技術の土台を形作るための基本的材料を蓄積し始めており，それは社会科学と心理学の適切な適用ということになろう。」（Dennison 1932, p. 241）

上に引用した文章にも部分的に示唆されているように，テイラー主義を信奉した多くの人がテイラーの第1原理（科学の発展）を受け入れることに熱

心であったのに対し，デニスンは，第3原理（管理者と工具の心からの協働）と第4原理（管理者と従業員との間の仕事と責任の均等の分割）に焦点を合わせていた点では，異色の存在であった。例えば，彼が『テイラー協会雑誌』に1924年に発表した経営管理に関する初期論文 "Who Can Hire Management?" において，次のように述べていることはそれをよく表している。

「会社の商品あるいは会社の機械工学的問題や化学工学的問題ではなくて，会社と関係がある人々に私が注意を集中することをお認め頂きたい。というのも，（人々以外の）それらの問題は今まで十分すぎる位に脚光を浴びてきたからである。私の見地からすれば，会社は相互にダイナミックに関係し合っている人々の集団から構成されている。」(Dennison 1924, p. 101)

1920年代に比べると科学的管理運動の直接的影響が薄らいだと思われる1931年に発表された，経営管理と組織の問題に関するデニスンの最も重要な著作『組織のエンジニアリング』は，組織構造，権限，調整，スパン・オブ・コントロール，部門化等の問題に多くの頁を割いている点で（図表1，参照），そして一種の管理原則を展開している点で，明らかに管理過程論の古典時代から近代化時代（二村 1989, 59-98頁）にかけて活躍した学者たちと問題意識を共有しているといえる。ただし，デニスンは，この本の中で管理過程論を主張した学者には誰一人として言及していない（フォレットには5箇所で言及している）。逆に，管理過程論の古典時代の学者たちの中では，ムーニー＝ライリー（J. D. Mooney and A. C. Reiley）は，1931年の著作においても1939年の著作においても，デニスンに全く言及していない（Mooney and Reiley 1931；1939）。アーウィック（L. Urwick）は自著 *The Making of Scientific Management, Volume 1* においてデニスンのために一章を与えており（Urwick and Brech 1949, pp. 112-125），管理原則の観点から管理過程論への貢献を示唆している（同書の中で，ファヨール J. H. Fayol のためにも一章を設けている）。近代化時代のニューマン（W. H. Newman）とアレン（L. A. Allen）は参考文献の著者としてのみデニスンに言及している（Newman 1951；Allen 1958）。管理サイクル（管理の諸要

素）を分析の基本枠組みとする「本来の意味での管理過程論を引き継ぎうる土壌」（二村 1989, 67頁）を形成したと評される古典時代のデイヴィス（R. C. Davis）は，当然ながらその代表的著書の中でファヨールを最も多く引用しているが，ファヨールに次いでデニスンを多く引用している（Davis 1951）。クーンツ＝オドンネル（H. Koontz and C. O'Donnell）は，ムーニー＝ライリー，ブラウン（A. Brown），アーウィック，デイヴィス，ホールデン（P. E. Holden）（以上は，言うまでもなく，管理過程学派を代表する人々である）とともにデニスンを「経営管理理論の発達に重要な貢献をなした実務家」として挙げ，以下のように述べている。

「1931年に出版された著書の中で，管理，特に組織についての科学的な面の研究に乗り出し，技術者の使用するテクニックが応用されうるものであるか否かという点を検討している。その主張の中で，デニスンは動機づけ，リーダーシップ，チーム・ワークの概念を発展させ，これらのものが人格に及ぼす点から組織の構造的要因を分析した。デニスンは経営管理理論を開発したわけではないが，人間工学やリーダーシップの役割を強調した点は大いに意味のある貢献となっている。」（Koontz and O'Donnell 1955, p. 31；1976, 翻訳書〔1〕, 96頁）

以上のことから，管理過程学派の形成に対するデニスンの少なくとも一定の影響を確認することができるのではないかと考える。レン（D. Wren）もまた，『マネジメント思想の進化』の中で，主に管理過程論の展開を扱った第16章においてデニスンを取り上げている（Wren 1994, pp. 295-313, 翻訳書，325-346頁）。それならば，科学的管理運動において組織的統合への関心から管理職能全般や組織の問題に焦点を合わせた研究に移行していき，その研究成果が1930年代以降何人かの学者たちによって吸収され管理過程論の形成に多かれ少なかれ寄与したというふうに理解すれば，経営学史におけるデニスンの位置づけは，凡そ定まることになるのであろうか。レンが次のように述べていることは，以上のような理解には収まりきれない意義をデニスン学説が有していた可能性を示唆している。

「『組織のエンジニアリング』というデニスンの著者のタイトルは誤解を招きやすかった。というのは，それがムーニー＝ライリーとは正反対のア

プローチを主張していたからである。……デニスンは，構造や仕事を最初に設計するのではなく，同じ心を持つ人々を見つけ，彼らを集団にし，そして最後に組織構造の全体をつくろうとした。」（Wren 1994, p. 299, 翻訳書, 329頁）

このようなデニスン学説の意義の理解に少しでも近づくためには，『組織のエンジニアリング』についてもう少し吟味してみる必要がある。

Ⅳ.『組織のエンジニアリング』

「企業はよりよい経営のためにcommitment（連帯意識）を紐帯として統治され運営されるべき」という加護野によって再評価されたような「長期連帯主義」の主張に通底する思想は，デニスンにおいては，1915年以降いくつかの論文で表明されているが（Dennison 1915；1920；1924），実はそれらに先立ってデニスン社の経営実践の中で育まれ具体化されたものであった。1931年の『組織のエンジニアリング』は，1911年以前にまで遡る思索を集大成し，そのような思想の土台の上に，むしろ組織と管理の全般に関わる原

図表1 『組織のエンジニアリング』目次

章	タイトル	p.	章	タイトル	p.
	Preface	v		Direction	105
Ⅰ	Abstract	1	Ⅳ	1．Training for the Job	105
	Men Working in Groups	11		2．Education for the Future	115
	1．Diversity	11		Organization Structure	123
Ⅱ	2．Friction	29		1．Adaptation	123
	3．Team Work	37		2．Structure and Leaders	128
	4．Leadership	47		3．Structure and Task	130
	5．Motivation	55		4．Departmentalizing	133
	Impulsion	63	Ⅴ	5．Functional Staff	143
	1．Self-serving Motives	64		6．Planning and Authority	148
Ⅲ	2．Craftsmanship	84		7．Cross Contacts	160
	3．Need for Social Respect	87		8．Committees	168
	4．Loyalty	97		9．External Coordination	178
				10．Continuous Re-organization	183
				Index	197

（出所）　Dennison, H. S. (1931), *Organization Engineering*, pp. vii-viii.

則あるいは哲学を展開している（図表1，参照）。その分，本書においては，初期論文に比べて，長期連帯主義の思想に関わる直截な主張は影をひそめているといえる。ここでは，そのような記述の中で，特に上記の思想が反映されていると思われる部分を拾い出すことにより，デニスンの管理思想を確認してみたい。「comprehensiveであるよりはむしろsuggestiveであること」(Dennison 1931, p. v) を目指した本書の意図には，目次の順を追う叙述よりもそのような検討の仕方の方がふさわしいと思われる。

　組織のエンジニアリングの究極の課題を，デニスンは次のように述べる。

　「ある組織の最大の強みは，その全てのメンバーに力量があり，かつ強力に動機づけられているならば，彼らの行為が摩擦や対立や不均衡によって有効性を失っていないならば，そして相互に補完しあい，補強しあい，改造しあうことによって単一の方向に向かうならば，実現されるであろう。……組織は労働者を"使用"するが，その成否は，どの程度までこの使用が労働者の自由で，興味を呼び起こされた，自発的な活動を生み出すかにまさにかかっている。」(Dennison 1931, p. 2)

　ここには，バランスの重視や労働者の自発性のような，長期連帯主義を連想させるキーワードがふくまれているが，もちろんその思想をここから直接的に汲み取ることはできない。むしろこのような思想は，まず本書の構成（図表1，参照）において表れていると思われる。そこからは，デニスンが，組織構造や仕事の設計から組織を語り始めるのではなく，逆にコミットメントの基礎としての個人の欲求とその多様性（diversity）から出発してグループ，さらに組織構造の全体を組み立てようとしている点が読み取れる。

　また，「環境に"組織が受け入れられる"ために，環境における評判と善意を維持する」(Dennison 1931, p. 179) プロジェクトの重要性を述べたⅤ章9節で，デニスンは，労働者を明確に組織のインサイダーとして位置づける（図表2，参照）とともに，サプライヤーとの協力関係の意義を述べているが，ここにも長期連帯主義の思想は表われている。デニスンは，サプライヤーとの関係を次のように述べている。

　「ドルを行使することが買い手に与える見せかけの力の意識は，ドルによって買われうるよりももっと価値の高い緊密で積極的な協力の中にある

図表2　組織におけるメンバー・グループ

不可欠のメンバー	関連するメンバー
投票権者	状況次第の投票権者
取締役会	コンサルタント
役員	顧客
管理者	サプライヤー
ライン	取引銀行
スタッフ	再販業者
労働者代表	消費者
労働者	地域社会
	政府

（出所）　*Ibid.*, p. 179.

かもしれない機会に対して，買い手を盲目にする傾向がある。しかし，相互の諸問題についての共同研究によって，両者の諸要求，弱み，可能性に関するより完全な理解が得られるとき，原材料の売り手と買い手は，通常の取引を通じては到達されない，彼らの諸困難に対する解決を繰り返し見出すことになろう。」(Dennison 1931, pp. 181-182)

以上指摘した二つの点では，相互に無関係な内容上の特徴から長期連帯主義の存在を推定したに過ぎない。しかしながら，本書全体を通じて通奏低音のように繰り返される長期連帯主義に関わると思われる二つのテーマがある。それは，時間（長期的視点）とバランスの重視である。両者が長期連帯主義に関わると考えるのは，コミットメントの獲得は短期的視点からは取り組めない課題と考えるからであり，またコミットメントの獲得には対立する要因間のバランスをとることが必要であり，それはやはり時間のかかる課題であると考えるからである。つまり，時間の重視とバランスの重視は表裏の関係にあると考えられる。

1．時間

デニスンは，長期的視点の重要性をまず次のように述べている。
　「組織のエンジニアリングの考察において一貫して重要な要素の一つは，時間である。組織の世界の内部では，原因に対する結果の十分な反応は，めったに即座には現れない。……社会的成果の最善の成果の多くは，

ゆっくりとした成熟化の結果である。……有機体と同様に，一つの組織は，いかなるものであれ<u>革新あるいは変化</u>を受け入れるためには適当な時間を必要とする。……組織のエンジニアリングにおいて，迅速かつ永続的な成果の期待や約束は，しばしば初心者やはったり屋の指標である。」（下線，引用者）(Dennison, 1931, pp. 7-8)

上述の「革新あるいは変化」の試みとして，例えば動機づけがある。デニスンは，動機づけにおいて刺激されるべき4つの動機を想定している。(1)メンバー自身とその家族の幸福と地位に対する関心，つまり利己主義的動機（self-serving motives），(2)仕事それ自体に対する興味，つまり職人的熟練（craftsmanship），(3)他のメンバーの自分に対する好意的評価への関心と彼らと協働する喜び，つまり社会的尊敬への欲求（need for social respect），(4)組織の主要な目的への敬意と関心，つまり忠誠心（loyalty），の4つである (Dennison 1931, pp. 63-64)。

利己主義的動機の一つとして，経済的動機があり，これに対する強力な誘因が金銭的インセンティブであるが，これは予測されないそして望まれない結果を伴う（例えば，出来高給の下での，品質水準の低下や生産高の制限）。また，個人の金銭にまつわる立場との関係でその作用が変動するので，一定の金銭的刺激が多様な従業員の集団に提供される場合，効果の画一性は期待されない（例えば，世帯主と独身者の間の差異）。何よりも，これは，時間的に遠い将来の利益よりも即座の利益に向けて人を駆り立てる（近視眼的にする）傾向があり，したがってカネの返報が遠い将来で不確実であるとき，インセンティブとしての力が減殺させられる。デニスンは，以上の点に，金銭的インセンティブを単独で用いる場合の不利性を見出す一方で，雇用の安定，地位の安定，報酬の安定等の一定の関係の「長期的」維持を求める利己主義的動機の一つとしての「安全に対する欲求」（desire for security）のほうが人間にとってより強固で根本的と評価する (Dennison 1931, pp. 65-83)。

忠誠心という動機が仮に存在するとしても，それにどのようなインセンティブを提供すれば動機づけが成立するかは，デニスン自身が認めるように困難な問題である。「忠誠心というものは，それを要求あるいは懇願する

ことによっては獲得されえず，むしろ失われる傾向がある」。結局，忠誠心を獲得するためには，組織の目的と伝統，あるいは大義（cause）がインセンティブとして提供される必要があるとデニスンは述べる（Dennison 1931, pp. 97-104）。

以上のような動機づけについての考えの中には，デニスンにおける長期的視点の重視を見出すことができると考える。なお，デニスンは，AMAで1928年2月7日にインセンティブに関して同主旨の報告を行っており，これに対するニューヨーク大学ライトル（C. W. Lytle）教授の評価（図表3,参照）は，デニスンの「長期連帯主義」の思想をよく指摘していると考える。

組織構造に関して，デニスンは，「それ自体目的ではなく，それ独りでは何事もなすことはできない。……それ自身の中には何も神聖なものは含まれていない。」，「ある企業にとって今日最善であるような組織構造は，……一ヵ月後には全然最善ではなくなる。」（Dennison 1931, pp. 123-124）と述べ，したがって「変化する職員と環境に適合するための組織構造の不断の再建である」ところの連続的再組織化（Continuous Re-organization）が必要であることを主張する（Dennison 1931, pp. 183-184）。それは，ルーチン作業にもアドホックな対応にも任せられない課題であり，ある種特別の「物惜しみしない準備」を不可欠とする。いいかえると，「明日より多くを獲得する機会のために，今日何かを断念すること」に基づくような計画的進歩を不可欠とする。つまり，死滅を免れようとするならば，「いかなる組織も前進し続けなければならない，さもないと舵効速力（steerage way）を失い，波に呑み込まれる」。しかしながら，それが計画的進歩である以上，前進することの目的が問題となる。この目的についてのデニスンの捉え方には，やはり彼の長期的視点の重視がよく現れている。デニスンは，ここで熟考されるべきことは，「前進することの目的地（goal）というよりは前進することの方向（direction）」であるという。つまり，向かおうとしている方向と到達に至るまでの過程こそが目的であると考える（Dennison 1931, pp. 184-188）。そして，デニスンは，このような考えの根拠を，デューイ（J. Dewey）による以下の一節に求めている。

図表3　H. S. デニスンによるインセンティブの分類に対する C. W. ライトルの解釈

努力に対する即座の刺激 "スター"の成績の協調 通常は非継続的なプロセス あまり実験的ではない	チームワークに対する長期の刺激 組織の成績の重視 通常は継続的プロセス より実験的
1. 個人ベース 刺激は強力であるが協力を生み出さない	1. 集団ベース 刺激は弱いが協力を生み出す
2. 現金報酬("特別に金銭的") 刺激は強力であるが，効果は一時的	2. 譲渡制限付株式による報酬 刺激は弱いが，効果は持続的
3. 給料は低いが，ボーナスは高い 刺激は強力であるが，従業員を雇用するのは困難	3. 給料は高いが，ボーナスは低い 堅実であるとともに，従業員を雇用するのは容易
(低い生産標準あるいは高い生産標準という問題は，特定の賃金制度によって通常調整されている)	
4. 変動的 刺激は強力であるが，やる気を失わせられる者もいる	4. ほとんど一定不変 刺激は弱いが，ボーナスは給料の一部とみなされている
5. 制度的 　　事前の理解を提供するが，経験を必要とする 　　嫉妬心を予防する 6. 公開 ＊通常は相伴う	5. 恣意的 　　触知できないものを考慮に入れることを可能にするが，従業員に，望まれていることを憶測させ，えこひいきが行われているのではないかと疑わせる 6. 秘密 ＊開始期を除けば不可分であるとともに，正当化できない
7. 大量（Large Amount） 刺激は強力であるが，単位あたり総コストという点では効果ではない。というのは，それは実際の反応を引き出し，間接費のより大きな配分をもたらすからである	7. 少量（Small Amount） 通常は誤解された方針である。逆インセンティブ（anti-incentive）として機能するというような軽蔑を受けるかもしれない
8. 金銭的　←――――　強調の問題　――――→　8. 非金銭的	
刺激には速効性があるが，品質やチームワークを損なわないための他の方策の支援を必要とする	正しい精神的態度，忠誠心等に至る唯一の方法であるが，金銭的インセンティブによって支援されなければならない

(出所) Dennison, H. S. (1928), "Incentives for Executives," *Annual Convention Series*, American Management Association, No. 71, p. 17.

「個人にしろ，集団にしろ，或る固定した結果への遠近によって判断するのでなく，進む方向によって判断することになろう。悪い人間というのは，今まで善であったにせよ，現に堕落し始めている人間，善が減り始めている人間のことである。よい人間というのは，今まで道徳的に無価値であったにせよ，善くなる方向へ動いている人間のことである。私たちは，こういう考え方によって，自分を裁くのに厳格になり，他人を裁くのに人間的になる。これは，固定した目的への接近の程度に基づく判断につき物の傲慢を排除するものである。……静的な成果や結果でなく，成長，改良，進歩の過程が重要なものになる。二度と動かぬ固定した目的としての健康でなく，必要な健康の増進―という継続的な過程―が目的であり善である。目的は，もはや，到達すべき終点や限界ではない。目的というのは，現在の状況を変えて行く積極的な過程なのである。究極のゴールとしての完成ではなく，完成させ，仕上げ，磨き上げる不断の過程が生きた目的である。健康，富，学識と同様，正直，勤勉，克己，正義なども，これらを到達すべき固定的な目的と考えた場合とは違って，所有すべき善ではない。それらは，経験の質的変化の方向なのである。成長そのものが，唯一の道徳的「目的」である。」(Dewey 1920, p. 177，翻訳書，153-154頁)

2．バランス

アーウィック (L. Urwick) は，デニスンにおけるバランスの意義について次のように述べている。

「バランスというこの概念は，組織についてのヘンリー・デニスンの著作と思考における中心的アイディアであり，それは彼の性格と生き方の中心的特徴でもあった。……しかし，彼が心の中で手放さなかったことは，常にバランスの取れた運動 (balanced movement) であった。……彼は構造の重要性を認識する一方で，それは決して静的であってはならなかった。」(Urwick and Brech 1949, pp. 120-121)

デニスンがバランスを重視するのは，第1に，組織の中に二種類の多様性 (diversity)，つまりメンバー間の多様性と一個人内の多様性，を見出すからである。

組織のメンバーは，体力，精神的発達度，感情的刺激に対する反応という点で，非常に多様な存在であるが，と同時に，相互に全く類似した諸要素から構成される同質的存在でもある。したがって，人間相互の同質的要素に訴求し，それを満足させ，そして支配するための，適度に画一的で一般的な諸手段，つまり一般的規則や部門化のような組織構造が工夫されうる。と同時に，その一般的諸手段の適用がその「便利さにおける利益と管理コストに勝る損失を惹き起こす」場合，つまりメンバー間の多様性あるいは相互の異質性に端を発した個別の事例（例外）に柔軟に対処する準備ができていなければならない。したがって，経営者が取るべき正しい道は，「ぐにゃぐにゃの無節操と弾力性を欠く筋硬直の間でバランスを取る」ことである。しかも，ある一定時点でのバランスの条件は時間の経過とともに変化する。ここに，デニスンがいう連続的再組織化の必要性の根拠がある（Dennison 1931, pp. 4-193）。

「連続的再組織化のある特別の使命は，組織の諸単位がバランスを保つようにすること，つまり……いかなる活気のある組織でさえも月が変われば同様のバランスを維持しないので，つまりそのメンバーの性格と能力，そしてその環境の全てが変化するので，その部門の間でバランスを維持する仕事……である。」（Dennison 1931, p. 185）

これは，言い換えれば，機動性（mobility）と安定性（stability）の間でバランスをとることでもある。

「前進している組織は，船と同様に，機動性と安定性を同時に実現するだけではなく，機動性と安定性の当然な代価を支払う準備ができていなければならない。機動性は均衡状態の攪乱という危険を伴い，組織を正常に安定させることは，ある種の重荷を担うこと，あるいは新しい冒険や危険をそれによる損失が耐えられるほど小さな範囲に限定するという危険を伴う。……しかし，どちらに偏ることにもほとんど成功する可能性はない。」（Dennison 1931, p. 186）

多様性は，メンバー間においてだけではなく，一個人内においても見出される。単一の要素だけで構成され，したがって内部的対立が皆無であるような単純な人間は，誰一人として存在しない。個人の動機についてみると，企

業組織においては経済的動機が他の全ての動機に勝るかのように想定されているが，ストライキや深刻な衝突のような，不測の事態が事業において生じると，多様で矛盾する性向が姿を現す。したがって，全ての人々から最善の労働を引き出すためには，単一の動機だけではなく，全てのありうる動機を考慮に入れて，動機づけを行わなければならない。動機（あるいはそれに対するインセンティブ）は，既に述べたように，4つのグループに分かれるが，どれか一つのグループだけによってではなく，4つのグループのバランスの取れた組み合わせによって駆り立てられるときにのみ，着実で永続的な行動がもたらされる（Dennison 1931, pp. 11-13, 57, 64）。

例えば，忠誠心という動機の満足は，安定した報酬のような経済的インセンティブに，非金銭的なインセンティブを組み合わせるような，バランスの取れた方法が採用されなければ，成功しない。「労働者の選考と配置を改善し，その結果（職務内容を変更せずに…引用者）職務が労働者に対して与える魅力を増大させること」（職務拡大を連想させる…引用者）あるいは「複雑な機構の全体を一人で作ることができない労働者について，満足が職務それ自体の中に見出されうるように職務特徴を修正すること」（職務充実を連想させる）は，職人的熟練という動機に対応する非金銭的インセンティブの例である（Dennison 1931, pp. 84-86, 101）。

V．むすびにかえて

『組織のエンジニアリング』の中で示された様々の考えは，単に理想として示されただけでなく，デニスン社において制度として具現化されている。

デニスンは，誰が取締役を任免すべきかという企業統治の根本問題については，投資家，従業員，顧客のうち従業員（管理者を含めて）がその役割を担うべきと考えていた。そして，企業内部の管理については「あらゆる人が，最も詳細な指図票の下で働いている労働者さえもが，それの幾分かを分担しなければならない」と考えていた（Dennison 1924, p. 106, 翻訳書，660頁）。また，企業統治と経営管理における役割と報酬の配分については，次のような2つの原則を主張している。「(1)責任は能力と密接に関

係しなければならない。(2) 報酬は奉仕と密接に関係しなければならない」(Dennison 1915, p. 183)。このような考えの全体を, H. S. デニスンは管理分担制 (Management Sharing) と呼んでいる (Dennison et al. 1926, pp. 224-244, 259-268, 翻訳書, 1261-1286 頁)。そしてこれを実現するために導入された制度が,「産業パートナーシップ計画」と従業員代表制であった。

デニスン社は, 大恐慌の時期においても, 犠牲を最小限にとどめて経営的によく持ち堪えたといえる。純損失が計上されたのは 1931 年と 1932 年だけであったし, 売上高も 1932 年を境に上昇に転じた (Gras and Larson 1939, p. 450)。1929〜1934 年の期間に 3700 人から 2700 人にまで減少した従業員数も, 1939 年には 3280 人にまで回復した。このような健闘を支えた要因の一つが, 産業パートナーシップ計画と従業員代表制に基づく同社の安定した労使関係にあった (Meine 1924；Heath 1929；Dennison 1955)。しかしながら, 1952 年にデニスンが死去した後, これらの制度に盛り込まれた従業員のコミットメントを確保するための諸規定は次々と破棄されていき, 1965 年頃には不在株主による支配と管理職員による株式投機が見られるという点で, 他の会社と異なるところのない「普通の」会社にデニスン社はなっていた (Gullett and Duncan 1976, p. 35)。そして, 1990 年 10 月, スリーエム (3M) 社のライヴァルとして知られるエイブリィ・インターナショナル社に吸収合併されてエイブリィ・デニスン社が設立されたことにより, 独立企業としての同社の歴史は幕を閉じたのである (Mittelman 1991, p. 254)。

参考文献

Allen, L. A. (1958), *Management and Organization*, McGraw-Hill Book Company, Inc., Kogakusha Company.（高宮晋訳『管理と組織』ダイヤモンド社, 1960 年。）

Anonym (1919), *Seventy-Five Years 1944-1919*, Dennison Manufacturing Co., The Tag Makers, Framingham, Mass.

Anonym (1964), "Famous Firsts: Bringing brainwork to the fore," *Business Week*, February 15, pp. 54-58.

Barney, J., Wright, M. and Ketchen, D. J., Jr. (2001), "The Resource-Based View of the Firm: Ten Years after 1991," *Journal of Management*, Vol. 27, No. 6, pp. 625-641.

Davis, R. C. (1951), *The Fundamentals of Top Management*, Harper & Brothers, Publishers.（大坪檀訳『管理者のリーダーシップ 上』日本生産性本部, 1962 年,『管理者のリーダーシップ 下』日本生産性本部, 1963 年。）

Dennison, H. S. (1915), "The Principles of Industrial Efficiency Applied to the Corporate Form of

Organization," *Annals of American Academy of Political and Social Science*, Vol. 61.

Dennison, H. S. (1920), "Production and Profits," *Annals of American Academy of Political and Social Science*, Vol. 101.

Dennison, H. S. (1924), "Who Can Hire Management? What is "Managing" –Who Manages– Who Can Best Choose Managers?," *Bulletin of the Taylor Society*, Vol.9, No. 3, pp. 101-110. (中川誠士訳「ヘンリー・スタージス・デニソンの労務管理思想(1) ――管理分担制の原理――」『福岡大学商学論叢』第43巻第3号, 1999年, 633-670頁。)

Dennison, H. S., Gay, E. F., Kendall, H. P. and Burritt, A. W. (1926), *Profit Sharing and Stock Ownership for Employees*, Harper and Brothers Publishers, New York and London, pp. 224-244. (中川誠士訳「《資料》ヘンリー・スタージス・デニソンの労務管理思想(2) ――労務政策の基礎としての管理分担制――」『福岡大学商学論叢』第43巻第4号, 1999年3月, 1255-1286頁。)

Dennison, H. S. (1931), *Organization Engineering*, McGraw-Hill Book Company, Inc..

Dennison, H. S. (1932), "The Need for the Development of Political Science Engineering," *The American Political Science Review*, Vol. 26, No. 2, pp. 241-255, reprinted in L. Gulick and L. Urwick (eds.), *Papers on the Science of Administration*, Augustus M. Kelley Publishers, Clifton, 1937, pp. 131-142.

Dennison, J. T. (1955), *New England Industrialist who Served America!*, The Newcomen Society in North America, New York, San Francisco, Montreal.

Dewey, J. (1920), *Reconstruction in Philosophy*, Henry Holt & Company. (清水幾太郎・清水禮子訳『哲学の改造』岩波文庫, 1968年。)

Duncan, W. J. and Gullett, C. R. (1974), "Henry Sturgis Dennison: The Manager and the Social Critc," *Journal of Business Research*, Vol. 2, No. 2, pp. 133-146.

Gras, N. S. B. and Larson, H. M. (1939), *Casebook in American Business History*, Appleton-Century-Crofts, New York.

Gullett, R. and Duncan, W. J. (1976), "Employee Representation Reappraised," *The Conference Board Record*, Vol. 13, No. 6.

Heath, C. (1929), "History of the Dennison Manufacturing Company―II," *Journal of Economic and Business History*, Vol. 2.

Koontz, H. and O'Donnell, C. (1955), *Principles of Management, An Analysis of Managerial Functions*, McGraw-Hill Book Company, Inc.

Koontz, H. and O'Donnell, C. (1976), *Management: A Systems and Contingency Analysis of Managerial Functions*, Sixth Edition, McGraw-Hill Book Company, Inc. (高宮晋監修, 大坪壇訳『経営管理1～5』マグロウヒル好学社, 1979年。)

Meine, F. J. (1924), "The Introduction and Development of the Works Committee in the Dennison Manufacturing Company," *Journal of Personnel Research*, Vol. 3, Nos. 4-5.

Mintzberg, H. (2009), "Rebuilding Companies as Communities," *Harvard Business Review*, Vol. 87, No. 7/8, pp. 140-143. (有賀裕子訳「企業は株主価値を最大化するためのマシンではない 「コミュニティシップ経営論」」『Diamondハーバード・ビジネス・レビュー』第34巻第11号, 通号254号, 2009年11月, 58-70頁。)

Mittelman, A. (1991), "Avery Dennison Corporation," A. Hast (ed.), *International Directory of Company Histories*, Volume IV, St James Press, p. 254.

Mooney, J. D. and Reiley, A. C. (1931), *Onward Industry!*, Harper & Brothers Publishers.

Mooney, J. D. and Reiley, A. C. (1939), *The Principles of Organization*, Harper & Brothers

Publishers.
Nelson, D. (1999), "Henry Sturgis Nelson," J. A. Garraty, and M. C. Carnes (eds.), *American National Biography*, Vol. 6, pp. 445-446.
Newman, W. H. (1951), *Administrative Action, The Techniques of Organization and Management*, Prentice-Hall, Inc.（高宮晋監修／作原猛志訳『経営管理——組織と管理の技術——』有斐閣, 1958年。）
Reagan, P. D. (1999), *Designing a New America: The Origins of New Deal Planning, 1890-1943*, University of Massachusetts Press.
Urwick, L. and Brech, E. F. L. (1949), *The Making of Scientific Management, Volume 1, Thirteen Pioneers*, Management Publications Trust, London.
Wren, D. (1994), *The Evolution of Management Thought, Fourth Edition*, John Wiley and Sons.（佐々木恒男監訳『マネジメント思想の進化』文眞堂, 2003年。）
加護野忠男（2014），『経営は誰のものか 協働する株主による企業統治再生』日本経済新聞社。
中川誠士（1998），「ヘンリー・スタージス・デニスン(1)——代表的コーポリット・リベラルの両大戦間期における思想と行動——」『福岡大学商学論叢』第43巻第1号, 199-215頁。
中川誠士（2000），「デニスン社の従業員持株制と従業員代表制」井上昭一・黒川博・堀龍二編著『アメリカ企業経営史』税務経理協会, 143-159頁。
中川誠士（2006），「サウスウエスト航空の人的資源管理」「リンカーン・エレクトリック社の人的資源管理」伊藤健市・田中和雄・中川誠士編著『現代アメリカ企業の人的資源管理』税務経理協会, 167-193, 231-243頁。
二村敏子（1989），「第3章 管理過程論の系譜」土屋守章・二村敏子編『現代経営学④ 現代経営学説の系譜』有斐閣, 59-98頁。
三戸公・榎本世彦（1986），『経営学——人と学説—— フォレット』同文舘。

4 制度化された経営学の批判的検討
―『制度的企業家』からのチャレンジ―

桑　田　耕太郎

I．はじめに

　本論文は，制度と実践のダイナミクスをあつかう「制度的企業家 (Institutional Entreprenurship)」研究の視座から，「経営学のあり方を問いなおす」ことを目的としている。制度的企業家研究の視座は，経営学が本来目指していたはずの固有の領域を研究する方法として，きわめて本質的な意味と幅広い含意を持つからである。次節で制度的企業家の視座を紹介し，一義的で硬直的かつ強制力をもつ伝統的な「制度」観を批判し，我々の実践によって維持されつつ，イノベーションを含む実践を可能にする「制度」観を導入する。第3節では，ウェーバーのベトリーブ，制度派経済学，近代組織論といった現代の経営学の基礎となった研究を再訪し，経営学がもともと制度ならびにそのイノベーションを扱うことに，その学問としての正当性があったことを示す。第4節では，商業資本主義から産業資本主義企業への変遷を通じて，経営学の発展そのものが，経営学の制度化と経営実践の遂行的展開，それを通じた新たな経営学の制度化といったダイナミックなプロセスであったこと，すなわち制度的企業家の方法論をもって記述できることを明らかにする。こうした考察を通じて，経営学の理論は制度化され実践を導くものという視点から評価されるということ，そこにおいて組織が重要な役割を果たしていることを明らかにし，今後の経営学研究の可能性ならびに経営学史研究との関係について論じていく。

II．制度的企業家研究のパースペクティブ

　本論文で制度的企業家の視座を採用するのは，伝統的な制度論に見られる制度と実践の硬直性を強調する誤った理解を是正するからである。それは制度を利用して生まれる企業の戦略行動を分析し，制度に多様な利害を見いだす主体間に結ばれる新たな関係性の出現や，新しい制度の創造を議論する（桑田・松嶋・髙橋 2015）ための概念である。

1．鉄の檻と埋め込まれたエージェンシーのパラドクス

　そもそも新制度派組織論は，社会的文脈に「埋め込まれた」個人や組織の目的的行為を，体系的に説明することを目指していた（DiMaggio and Powell 1991）。Meyer and Rowan（1977）は，制度とは正統性を帯びた規範として社会的事物としてとらえられるがゆえに，我々に眼前する制度的環境として，行為する際につねに考慮に入れられるべき対象であることを強調してきた。「制度」という概念は，社会的に構築された（socially constructed）人工物であり，自明視された（taken for granted）ルールのようなもの（rule like status）として機能し，社会的文脈に埋め込まれた人間の実践を説明するための概念であるという点にある。

　これに対してその後の研究者の多くは，制度を，技術的合理性や経済的合理性では説明できない，組織の同型化（isomorphism）をもたらす「非合理的」で安定的な強制力を持ち，組織や主体から独立した，適応すべき安定的な対象としてとらえてしまった。こうした制度観では，制度は鉄の檻と化し，「制度に埋め込まれた主体が，その制度をいかにして変化させることができるのか」という問い，いわゆる「埋め込まれたエージェンシーのパラドクス」（e.g., Seo and Creed 2002；Garud, Hardy and Maguire 2007）に直面してしまう。制度変化を論じるためには，制度から独立してそれに制約されず，かつその檻を破壊する力と資源を持った「企業家」を仮定しなければならない。しかし何の制度からも独立した超越的合理性を持った企業家の存在を認めれば，制度に埋め込まれた主体という仮定に反することになり，解決

不能な論理的矛盾に陥ってしまうことになる。

2．制度的企業家と制度概念

制度的企業家という概念は，「埋め込まれたエージェンシーのパラドクス」が解決不能な疑似問題であることを明らかにし，もって制度と実践のダイナミクスを生み出すエージェンシーの関係を問いなおすために導入された概念である。

Berger and Luckmann（1967）が指摘するように，制度は社会的に構築されたという意味で，我々自身に価値あるものとして内面化された人工的な現実であり，決して主体から独立した実体ではない。しかしある時点では，それが作られた歴史的経緯や利害などの因果を問う必要がないほど自明視され，合理化された神話として独自の正当性を帯びた規範として，物象化された社会的事物として主体の前にたちあらわれる。主体はその制度を根拠としてアイデンティティを認識でき，対象の意味を理解することができ，制度そのものについて語ることも可能になる。制度こそが多様な実践を生み出す根拠であり，制度を制度たらしめているのは，私たちの実践そのものである。

このように制度の物象性に注目すれば，ある時点における制度は本質的に多義性をもつことになり，制度を維持（再生産）しようとする実践と，創造・変化させようとする実践（イノベーション）のメカニズムに差異はない。制度的実践は本質的に遂行的（performative）であり，実践はつねに差異を生み出す。実践において生じうる差異を棄却して，制度を再生産することもできる。また制度化される範囲が広くなれば，もともとの制度の対象とは異なった価値観や利害をもつ主体を巻き込み，新たな利害関係や制度解釈を生み出すエージェンシーともなりうるし，補助的制度を生み出すこともある（DiMaggio 1988）。

このように制度的実践は変化が常態のプロセスとして認識できるとすれば，イノベーションを担う制度的企業家に，制度から切り離された特別な英雄的能力を仮定する必要はなくなる。

III. 制度と実践のダイナミクスと経営概念

　制度的企業家概念は，研究者にとっても実践的に担われる制度は，主体によって社会的に構築され物象化された存在であるという前提を徹底しつつ，制度と実践（制度にしたがう実践とイノベーションを含む）がダイナミックに織りなされるプロセスとして，企業の戦略的実践を解明していくことを要求する（桑田・松嶋・髙橋 2015）。経営学のあり方を問いなおすにあたり，そもそも「経営」概念には，制度と実践のダイナミクスが内包されていることを確認しておこう。

1. ウェーバーの「ベトリーブ（betrieb）」概念とイノベーションを通じた変化性

　そもそも「経営」という用語は，ウェーバーの「ベトリーブ（betrieb）」概念にひとつの源流がある。この概念は「一定種類の持続的な有目的行為」と定義され，「特定の労働行為相互の，および，そうした労働行為と物的な生産手段との，持続的な結合の仕方を表示するようなそういう技術的カテゴリー」（Weber 1921, p. 28, 翻訳書, 80頁；大塚 1965, 312頁）として物象的にとらえられる。それは，欲求充足を目的とする家政共同体や，営利を目的とする企業といった，目的合理的に定義される「経営体（betriebesverband）」とは区別される。経営体とは，「持続的に有目的的行為を行うような管理スタッフを備えている」団体で，「独自な規律の上に打ち立てられている組織」である（大塚 1965, 310-311頁）。

　経営を「一定種類の持続的な有目的行為」と定義することにこそ，経営学の本質が制度と実践のダイナミクスにあることを示している。そもそも制度と実践がともに変化すると単純に考えれば，我々は変化を認識することはできない。変化を認識するためには，少なくとも不変の基準に仮定しなければならないからである。経営史家の中川敬一郎によれば，ウェーバーのベトリーブ（経営）は，空間的な統一性に加え，目的に向かって行為を積み重ねていく，時間的な統一性という歴史的な視角を与え，社会構造や制度と結び

つけることを可能にすると指摘した（中川 1981, 83-84 頁）。ウェーバーが論じた官僚制を，空間的統一性すなわち組織構造の側面からのみ理解してしまうと，形式的合理性に強く基礎づけられたマシン・モデルに陥ってしまう（March and Simon 1958）。この場合，企業のイノベーションを分析しようとすると，特別な企業家の出現や社会構造の変化にその原因を求めざるを得ない（中川 1981, 82 頁）。それは特異な人物の個人史や社会変動の社会史ではあっても，経営行動をとらえる経営（史）学たりえない。

過去の意思決定の延長線上に現在の意思決定があるという意味で，持続的な有目的的行為としてのベトリーブ（経営）のうちに，組織という制度によって担保される「変化性を内包した不変性」を問うことこそが，経営学的歴史性（中川 1981, 79-83 頁）ともいえる経営学独自の理論的地平にほかならない。組織は組織化のプロセスの中に瞬間的にしか存在しないが，過去から現在へ続く時間的統一性ないし経営的連続性は，ある時点において，変化を認識するための「暫定的な不変性の基準」となるのである。

2．新古典派の「企業の理論」と制度派経済学による批判

制度が担う歴史性と変化性を重要な研究課題とすべきだと主張し，近代経営学の登場に重要な影響を与えたのは，ヴェブレン（Thorstein Veblen）を始祖とする制度派経済学である。新古典派経済学の「企業の理論」では，企業を永続するゴーイング・コンサーンと仮定する理論的操作を経て，利潤を単年度での売り上げから費用を差し引いた額として定式化し，その利益処分として当該年度の配当は決められる。企業の価値は，配当流列の総和の現在価値として計算されることになった。企業の価値を，利潤極大化にせよ，企業価値最大化にせよ，すべてを現在価値に集約してしまうこうした理論的操作は，新古典派経済学の企業から，制度的な実体と歴史性を失わせてしまったのである。

ヴェブレンをはじめとする制度派経済学（e.g., Veblen 1898）が厳しく批判したのは，この制度性・時間性を否定した完全合理的な人間観であり，そこから失われてしまった制度観であった。

「快楽主義の立場に立つとき，人間は快楽と苦痛とを電光のように素早

く計算する機械であって，幸福を追求する欲望の一つの塊として，刺激を受けると，あちこちでぐるぐる回り狂うが，自らは決して変わらない存在として捉えている。前歴もなく，将来もない。他から独立し，確立した人間素材であって，衝撃的な力に揉まれてあちこちに動かされている時を除いては，安定的な均衡状態にある」(Veblen 1898, pp. 389-390)

新古典派経済学では，雇用主と労働者，土地・資本・労働といった諸要素の制度的関係は変化しないものと考えられている。その基本的制度のなかで，それぞれの需要・供給・価格といった経済量のみが変化するが，それは，基本的には均衡点をめぐって起こるのであり，経済制度にはかく乱や干渉があっても基本的には均衡点に戻ろうとする支配的な傾向があると考えている。

これに対し制度派経済学では，諸制度そのものが不断の変化過程にあって，ダイナミックに発展するものだと考える。宇沢（2000）によれば，制度派経済学の考えは，次のゴードン（Robert J. Gordon）の言葉にもっとも包括的に要約されているという。

「すべての経済行動は，その経済主体が置かれている制度的諸条件によって規定される。と同時に，どのような経済行動がとられたかによって，制度的諸条件も変化する。この制度的諸条件と経済行動の間に存在する相互関係は，進化のプロセスである。環境の変化にともなって人々の行動が変化し，行動の変化はまた，制度的環境の変化を誘発することになり，経済学に対して進化論的アプローチが必要となってくる。」(Gordon 1963, pp. 124-125)

こうした新古典派経済学の企業観に対して批判的な立場をとった制度派経済学は，歴史性を担うものとして制度概念を導入することになり，それが，近代経営学に重要な理論的基礎を与えることになるのである。

制度派経済学が経営学の正当性に根拠を与えたもう一つの貢献は，イノベーションを通じた利潤獲得の正当性を明らかにしたことである。新古典派経済学の枠組みでは，所与の産業・市場において超過利潤を獲得できる可能性は，市場の失敗によってのみ可能となる。利潤を獲得を目指す現実の企業

を経営実践は，新古典派経済学の正当性を疑わせしめることになる。

これに対して制度派経済学の流れをくむ Dean (1951) は，利潤の類型を3つに分類し，イノベーションへの対価としての利潤こそが，企業を正当化できるものであると指摘した。第一の類型は，リスク負担ないし不確実性の受容に対する対価としての利潤である。しかし，定常循環モデルのもとでは，リスクや不確実性が生じること自体は偶然であって，利潤をそのような偶然性に帰すると考えるのは妥当ではないとする。第二の類型は，市場における摩擦や不完全性に帰するものである。需要側と供給側の情報の非対称性が原因で生じる市場均衡からの乖離や，不完全競争による利潤である。これらは，経済が変化に応じて適応的に変動する時に一時的に生じる現象であり，また定常状態では経済厚生を低下させるために，利潤を正当化することはできない。これに対して，第三の類型として指摘するのが，イノベーションの対価としての利潤概念である。ここでいうイノベーションとは，シュンペーターによって導入された既存の定常状態を創造的に破壊し，経済を動的に成長させる鍵概念である (Schumpeter 1926)。企業者精神に生み出されたイノベーションは，経済を定常状態から動的な発展過程に導き，国民純生産そのものの上昇をもたらし，経済の活力を維持する。イノベーションには，一見，リスク負担や不確実性の吸収が必要に見えるが，それはイノベーションに資金を投下する投資家・銀行や株主が負うべき負担であって，企業者精神とは区別される必要がある。

このような意味で，利潤は，イノベーションを通じて優越しようとする経営者の努力によって生みだされた国民所得の純増化に対する報酬として，正当化されることになったのである。

3．制度学派としてのバーナードとサイモン

制度と実践のダイナミクスは，バーナード (Barnard 1938) が組織と協働体系の理論を構築する際にも強調された。それは彼の個人の定義に典型的に示されている。バーナードは，「少なくとも一つの明確な目的のために，二人以上の人々が協働することによって，特殊の体系的関係にある物的，生物的，個人的，社会的構成要素の複合体」(p. 65, 翻訳書, 67頁) を協働体

系と定義した。そのうえで，組織を「二人以上の人々の意識的に調整された諸活動・諸力の体系」(Barnard, 翻訳書, 76頁) と定義した。ウェーバーによるベトリーブと経営体の区別と同様，バーナードもまた，組織を協働体系から峻別することが，経営の本質を解明するのに不可欠だと考えたのである。

ウェーバーや制度派経済学で強調された時系列における統一性は，バーナードにおいて個人の定義の中に顕著に示されている。彼は，個人を「過去および現在の物的，生物的，社会的要因である無数の力や物を具体化する，単一の，独特な，独立の，孤立した全体」(p. 13, 翻訳書, 13頁) と定義している。彼の組織概念は，瞬間的にしか存在しないものとして定義したが，実は，行動を提供する個人の側を，歴史性を帯び，空間的広がりをもって物象化された制度に埋め込まれつつ，実践するアクターとして定義したのである。個人の実践は組織への参加を通じた協働体系とともに存在し，協働体系の変化性と不変性の源泉は，実践を通じた不断の学習に求められる。個人はその本性として，制度的実践のなかで学習する。こうした組織と個人の間にあるダイナミックな関係は，主著の最後で表明された信念に明確に示されていた。

「私は人を自由に協働せしめる自由意思をもった人間による協働の力を信じる。また協働を選択する場合にのみ完全に人格的発展が得られると信じている。また各自が選択に対する責任を負うときにのみ，個人的並びに協働的行動のより高い目的を生み出すような精神的結合に入り込むことができると信じる。協働の拡大と個人の発展は相互依存的な現実であり，それらの間の適切な割合すなわちバランスが，人類の福祉を向上する条件であると信じる。」(Barnard 1938, 翻訳書, 309頁)

バーナードが経営を理解する際に，プロセスの中に存在する制度としての組織についての理解が不可欠であると主張し，また経営者に信頼性の根拠として道徳準則を強調したのは，制度に埋め込まれた個人の実践と制度のダイナミクスな発展過程を，協働体系の経営に見いだしていたからである。

バーナードに影響を受けたサイモンもまた，制度と実践の，そして組織と個人のダイナミズムに注目してきた。サイモンも，『経営行動』(Simon

1947) の最後で，以下のように主張していた。

「経営は演技に似ていないことはない。良い俳優の仕事は，役によって内容がいかに異なっていようとも，自分の役割を知ってそれを演ずることである。公演のできばえは，その脚本のできばえとそれが演じられる演技のできばえに依存する。経営過程の結果は，組織のできばえと，そのメンバーがその役割を演ずるできばえの両方におうじて，変わってくるのであろう。」
(Simon 1947, 翻訳書, 554 頁)

同じ脚本でも，実践される舞台公演は一回として同じものはない。その意味で脚本というかたちの制度ないし組織のできばえが，暫定的に不変性を担保しつつ，常にその実践すなわちメンバーが演ずる役割のできばえに変化性を生み出していき，それに基づき脚本もまた新たに書き換えられていく可能性がある点にこそ，経営の本質に組織がおかれる根本的な理由にほかならない。

バーナードやサイモンにおける制度としての組織（脚本）と実践の体系としての協働体系（ないし公演）のダイナミックな関係は，制度的企業家研究の概念枠組みと同じであり，ウェーバーのベトリーブにも繋がる。このように利潤追求を目的とする近代的資本主義企業の正当性と，それを研究対象とする経営学の正当性は，制度の暫定的安定性とイノベーションを遂行する変化性を内包した歴史性を担う組織をその根幹に据えることに求められるのである。このように制度と関わる経営学の誕生は，自由な個人の，計算的合理性にもとづく意思決定による行動の客観的な記述と価値の帰属について，制度から乖離したモデルとしての新古典派経済学に対する重大な挑戦でもあった。

IV. 制度化された経営学と経営実践のダイナミクス

制度と実践のダイナミクスという視座を経営学の歴史に適用すると，企業の経営実践の観察・分析から経営学が生み出され，その経営学が企業組織に制度化された状況下で新たな経営実践が生み出され，それがまた経営学の発展をうながしてきたことが理解できる。経営学の正当性は，企業という存在

が現代社会で重要な制度であることを認められ，その経営が学問として研究すべき独自性を持つとともに，その制度化によって生み出される実践の有効性によって評価されなければならない（桑田 2012）。家計から独立した会計制度の誕生と，所有者・経営者・従業員の非対称的な関係を含む経営体に対して社会的合意を獲得し，そのうえで利潤追求行動を正当化できなければ，現代的な意味での企業が存在することはできない。

1．商業資本主義企業から産業資本主義企業へ変遷と会計学の制度

新大陸発見を通じた中世ヨーロッパへの金銀の流入と貨幣経済の普及，暦，時計，複式簿記といった数量化革命，農業から商業さらに工業へと変遷した産業革命の影響，印刷技術や鉄道などの技術革新（Galbraith 1987；Crosby 1997）など，諸制度や諸実践の変化とのダイナミックな相互作用過程を通じて，現代の経営学研究者が研究対象としているような企業が制度化され，経営学研究も発展してきた。今日私たちが自明視している年度単位の「利潤＝売上高－費用」という概念すら，こうした過程を経て制度化されてきたものである。

中世の商業資本主義時代の企業は，1回の取引ごとに設立しては解散するのが一般的で，総投資額と精算時の資産価値の差額によって，企業の利潤や配当が決まっていた。会計学は，この取引のプロセスにおいて，支払いを受ける権利を有するもの（借方）と支払い義務をもつもの（貸方）を峻別する秘訣として生み出され，複式簿記の実践を生み出した。その後，印刷技術と商法典としての制度化を通じて，複式簿記会計学と計算手続きとしての監査が普及していった。

これに対して産業革命以降，産業資本主義企業の特徴は，長期にわたって償却される大規模な固定資産をもつ点に求められる。ひとたび株式会社が巨額の資本をもとに固定資産を獲得すると，すでに述べた商業における一回の取引ごとに決算をしめる方法と異なり，たとえば鉄道事業における列車や枕木，鉄路，駅舎などの固定資産は，一回の運行で精算されるのではなく，何十年という単位で使用され，利益を生み出す基礎となる。それにも関わらず，Littleton（1933）が「社会が工業化しても，人間生活の仕来りは不思議

と農業的である。…地球が太陽の周りをまわるにしたがって，種蒔きの時期と収穫の時期がやってくる。このような周期に織り込まれた折々の期間についても，人間はやはりその期間の結果を決めなければ気がすまないのである」(翻訳書，19-20頁) と指摘するように，農業生活のなかで慣習化された暦 (それ自体も制度であるが) による一年という人為的な長さを単位として，期間利益を測定しようとしたのである。

巨額の固定資産は，第1に，所有と経営の分離をうながし，資本の出資者たる所有者と債権者の利害を一致させ，信用経済的貸借対照表をうみだし，会計士による会計監査を法的に制度化した。この段階では，複式簿記の貸方・借方は，もはやシンボルとしての意味しかもたなくなった。第2に，企業をゴーイング・コンサーン (going concern) として概念化し，期間利益の計算手続きに必要な減価償却や原価計算の概念を生み出した。これらの制度化を通じて，企業を所有者の手から離れた資本ないし経営資源の集合体として概念化し，制度との関係で展開される実践が経営管理論の登場をもたらした。

2. 経営管理論の登場

一般に経営学の始祖として位置づけられてきたテイラー (Taylor 1911) や，管理過程や管理原則を提唱したファヨール (Fayol 1916) の業績も，こうした実践を基礎として構築された。彼らの研究に共通しているのは，営利を追求する企業の経営行動が，特別な資質を持つ人間の経験や勘によるものではなく，そこになんらかのパターンないし法則性を見出しうる現象として，研究者によって観察可能な現象となることを示したことにある。

テイラーの科学的管理法のアイディアは，分業と時間による生産費の研究を行った，イギリスの数学者にして計算機科学の父といわれるバベッジ (Charles Babbage) の研究に遡ることができるという (黒澤 1933, 132頁)。期間利益の計算を行うためには，一定期間における費用すなわち原価計算と固定資産の減価償却を計算する必要がある。黒澤 (1933) によれば，原価問題に対する最初の文献は，バベッジの『機械および製造の経済』(*On the Economy of Machinery and Manufactures*) であり，原価の構成要素を

原料・労働，間接費にわけ，間接費の部門別・製品別配分や，減価償却費における機械時間比率などの考え方の原型がすでに指摘されていたという。

19世紀半ばに生まれ，鉱山技師として活躍した後に経営者としての経験をもったファヨールは，企業の職能（技術活動，商業活動，財務活動，保全活動，会計活動，管理活動）のうち，管理活動は別格の重要性を持つことを指摘し，管理原則を示した（Fayol 1916）。彼は，管理活動を計画，組織，指揮，調整，統制をたどり，新たな計画へとつながるサイクリカルなプロセスとして示した。ファヨールが，このように管理プロセスを考えることができたのは，期間利益を基礎としたゴーイング・コンサーンとしての企業において，1年単位の期間利益と原価計算や減価償却の概念がすでに発達していたからにほかならない。ゴーイング・コンサーンとしての企業が期間利益によって評価されるため，計画とその執行・評価・統制という一連の経営実践が，年々歳々繰り返される規則性を持った活動として，観察可能になったのである。

3．経営戦略と組織のイノベーション

第二次世界大戦以降の科学技術の急速な発展に伴って，既存の技術を前提とした制度の枠を超え，イノベーションを通じた新たな産業や市場の創造すなわち多角化戦略を実践として展開してきたことから，経営戦略論と組織の変革に関する経営学が生み出された。こうした実践を受け，それ以前の経営学で暗黙のうちに想定してきた経営資源の一義性についての仮定を特殊ケースとして含みつつ，多角化を可能にする経営資源の多義性を仮定することが必要になった。そこで多角化を通じた企業成長を研究したペンローズは，経営資源をサービスの束として多義的にとらえることを企業成長論の根幹に据えた（Penrose 1959）。チャンドラーは経営資源を複数の事業に利用可能なものとしてとらえた上で，組織における構造革新の必要性を訴えたのである（Chandler 1962）。

経営資源をある使用方法でのみ一義的にとらえ，その効率的利用を計画的に考えるということは，既存の制度的価値観のなかで効率性を考えている。経営資源の多義性を増幅するためには，既存の制度的根拠を参照し，それと

の関係性を吟味し,既存の使用法が持つ正当性の根拠を疑い,新たな経営資源の利用可能性を正当化するという実践を必要とした。その結果,組織は戦略を遂行する手段としての意味だけでなく,イノベーションを通じて戦略を生み出す知識の体系としての組織観が生み出されることとなった。組織は,常に学習する主体として認識されることになったのである(桑田 2006)。

V. 経営学のあり方を問いなおす

本論稿では,制度的企業家の視座から,経営学がもともと制度ならびにそのイノベーションを扱うことに経営学の固有の研究領域があり,その学問としての正当性があったことを明らかにしてきた。固有の分析対象として利益を追求する企業が対象化されたとき,その分析のために空間的統一性と時間的統一性を担う組織概念が用意されてきた。制度のもとでのイノベーションのダイナミクスを探求してきた制度的企業家は,経営学が本来追求すべき含意の復権に向けた,ひとつの野心的な試みなのである。またメタレベルでは経営学そのものの発展が,企業の経営実践と経営学の形成,経営学の企業への制度化とそのもとでの新たな実践の展開として記述できることを示してきた。

しかし 1970 年代以降展開されてきた分析的戦略論やコンティンジェンシー・アプローチなどによる経営学の科学化は,歴史性・空間性の担い手としての組織が持っていたはずの主体性を軽視するという,新古典派経済学と同じ道を歩んでしまった。もともと経営学は社会を制度化してきたにもかかわらず,歴史性を帯びた制度と実践と切り離された学問として,形式的な科学性のみを追求してしまった。Poter (1980) の競争戦略論は,市場の失敗を現実的に解決しようとして提案された産業組織論を基礎にしているが,基本戦略が所与として扱われている。資源ベースの戦略論は,古典的な準地代 (quasi-rent) に基づく超過利潤を競争優位性の根拠として位置づけており,制度の変化を論じることはできない。これらの戦略論では,制度や経営資源は一義的・固定的に解釈され,制度の多義性や実践の多様性を考慮することはできなくなった。組織のコンティンジェンシー理論は,組織を時間的に横

断的に研究したために，その組織がおかれている歴史的な文脈から切り離した結果，組織から主体性を排除し，環境決定論に陥ってしまった。

その後，組織文化論やシンボリック組織論，組織学習論など，組織の主体性に注目してきたはずの議論も，その多くはテクニカルな管理手法を論じるにとどまってしまった。多くの場合，組織が満たすべき制度的条件が与えられており，組織はその条件を満たすためにデザイン可能な対象としてのみ，手段的に扱われてしまったのである。それは設計可能な機械としての組織観と，論理的には同じでしかない。

Cyert and March（1963）が組織学習をモデル化した時，そこでは組織はつねに学習し変化することが常態であり，研究者にとっては認識論的前提として仮定されていた。組織は本質的につねに学習しているのであって，その学習がある時点における高い成果に繋がるかどうかは必ずしも自明ではない。それにもかかわらず組織学習研究の多くは，「学習する組織」の特性やそのデザインといったテクニカルな問題に始終してしまった。本来，認識論的課題を背景に登場した組織学習論は，研究者自身の研究実践をも巻き込んで，空間的統一性だけでなく，時間的統一性ないし歴史性を担う主体としての組織それ自体の認識論的前提として新たに位置づけなおされなければならない（e.g., Morgan 1982）。

経営学が正当性を獲得してきた原点に立ち返るならば，第1に，経営学研究者は，制度をアクターと独立した硬直的な制約としてとらえるのではなく，制度を利用し，制度に多様な利害を見いだす企業者としてのアクター間の新たな関係性の生成を研究する必要がある。第2に，その際，経営学研究者は，研究対象としている企業に過去から現在にいたる経営学が制度化されていること，すなわち観察している経営実践はそうした経営学が制度化された組織のもとで展開されているという点に注意しなければならない。第3に経営学の制度化と経営実践のダイナミクスを理解するには，経営学の発展が社会的文脈のもとでいかに展開されてきたかを研究する経営学史研究がきわめて重要な役割を果たすことになる。経営学とは，そのような実践を導くよう制度化される科学であるという視座から評価される一方で，経営学研究者の研究実践が，観察対象たる企業の経営実践と不可分であることを自覚しな

ければならない。

註：関西大学の廣田俊郎先生には非常に丁寧なコメントを頂戴し，記して感謝申し上げたい。本研究の一部は，日本学術振興会科学研究費，基盤研究（A）「ビッグサイエンスと産業イノベーション：科学化される社会，社会化される科学」（研究課題番号：15H01964）の助成を受けて行われた。

参考文献

Barnard, C. I. (1938), *The Functions of the Executive*, Harvard University Press. (山本安次郎・田杉競・飯野春樹訳『新訳 経営者の役割』ダイヤモンド社，1968年。)

Berle, A. A. and Means, G. C. (1931), *Modern Corporation and Private Property*, Transaction Publishers. (森杲訳『現代株式会社と私有財産』北海道大学出版会，2014年。)

Berger, P. L. and Luckmann, T. (1967), *The Social Construction of Reality: A Treatise in the Sociology of Knowledge*, Anchor Books. (山口節郎訳『知識社会学論考——現実の社会的構成——』新曜社，2003年。)

Chandler, A. D. (1962), *Strategy and Structure*, MIT Press. (三菱経済研究所訳『経営戦略と組織』実業之日本社，1967年。)

Crosby, A. W. (1997), *The Measure of Reality: Quantification and Western Society, 1250-1600*, Cambridge University Press. (小澤千恵子訳『数量化革命——ヨーロッパに覇権をもたらした世界観の誕生——』紀伊国屋書店，2003年。)

Cyert, R. M. and March, J. G. (1963), *A Behavioral Theory of the Firm*, Prentice-Hall.

Dean, J. (1951), *Managerial Economics*, Prentice Hall.

DiMaggio, P. J. (1988), "Interest and Agency in Institutional Theory," in L. G. Zuker (ed.), *Institutional Patterns and Organizations Culture and Environment*, Ballinger Publishing Company, pp. 3-21.

DiMaggio, P. J. and Powell, W. W. (1983), "The Iron Cage Revisited: Institutional Isomorphism and Collective Rationality in Organizational Fields," *American Sociological Review*, Vol. 48, No. 2, pp. 147-160.

DiMaggio, P. J. and Powell, W. W. (1991), "Interoduction," in W. W. Powell and P. J. DiMaggio (eds.), *The New Institutionalism in Organizational Analysis*, The University of Chicago Press, pp. 1-38.

Fayol, J. H. (1916), *Administration Industrielle et Generale*, H. Dunod et E. Pinat. (佐々木恒男訳『産業ならびに一般の管理』未来社，1972年。)

Garud, R., Hardy, C. and Maguire, S. (2007), "Institutional Entrepreneurship as Embedded Agency: An Introduction to the Special Issue," *Organization Studies*, Vol. 28, No. 7, pp. 957-969.

Galbraith, J. K. (1987), *Economics in Perspective: A Critical History*, Houghton-Mifflin Co. (鈴木哲太郎訳『経済学の歴史：いま時代と思想を見直す』ダイヤモンド社，1988年。)

Gordon, R. A. (1963), "Institutional Elements in Contemporary Economics," in J. Dorfman, C. E. Ayres, N. W. Chamberlein, S. Kuznets and R. A. Gordon (eds.), *Institutional Economics: Veblen, Commons, and Michel Reconsidered*, University of California Press, pp. 123-147.

Littleton, A. C. (1933), *Accounting Evolution to 1990*, American Institute Publishing Co. (片野一郎・清水宗一助訳『リトルトン 会計発達史（増補版）』同文舘，1978年。)

March, J. G. and Simon, H. A. (1958), *Organizations*, John Wiley & Sons. (土屋守章訳『オーガニゼーションズ』ダイヤモンド社，1977年。)

Meyer, J. W. and Rowan, B. (1977), "Institutionalized organizations: Formal structure as myth and ceremony," *American Journal of Sociology*, 83 (2), pp. 340-363.

Morgan, G. (1982), "Cybernetics and Organization Theory: Epistemology or Technique?," *Human Relations*, Vol. 35, No. 7, pp. 521-537.

Penrose, E. (1959), *The Theory of the Growth of the Firm*, Oxford University Press.（日高千景訳『企業成長の理論』ダイヤモンド社，2010年。）

Poter, M. (1980), *Competitive Strategy: Techniques for Analyzing Industries and Competitors*, Free Press.（土岐他訳『競争の戦略』ダイヤモンド社，1983年。）

Seo, M. G. and Creed, D. W. E. (2002), "Institutional Contradictions, Praxis, and Institutional Change: A Dialectical Perspective," *Academy of Management Review*, Vol. 27, No. 2, pp. 222-247.

Schumpeter, J. A. (1926), *Theorie der Wirtschaftlichen Entwicklung: eine Untersuchung uber Unternehmergewinn, Kapital, Kredit, Zins und den Konjunkturzyklus, 2*, Duncker and Humblot.（塩野谷祐一・中山伊知郎・東畑精一訳『経済発展の理論――企業者利潤・資本・信用・利子および景気の回転に関する一研究――』岩波文庫，1980年。）

Simon, H. A. (1947), *Administrative Behavior: A Study of Decision-Making Processes in Administrative Organizations*, The Free Press.（二村敏子・桑田耕太郎・高尾義明・西脇暢子・高柳美香訳『新版 経営行動――経営組織における意思決定過程の研究――』ダイヤモンド社，2009年。）

Taylor, F. W. (1911), *The Principles of Scientific Management*, Harper & Brothers.（上野陽一訳『科学的管理法』産能大学出版部，1969年。）

Veblen, T. (1898), "Why is Economics not an Evolutionary Science," *Quarterly Journal of Economics*, Vol. 12, No. 4, pp. 373-397.

Weber, M. (1921), "Soziologisch Grundkategorien des Wirtschaften," *Wirtschaft und Gesellschaft*, J. C. B. Mohr, ss. 21-121.（阿閉吉男・内藤莞爾訳『社会学の基礎概念』角川書店，1968年。）

宇沢弘文（2000）『ヴェブレン』岩波書店。

大塚久雄（1965）「《Betrieb》と経済的合理主義」大塚久雄編『マックス・ウェーバー研究』東京大学出版会。

黒澤清（1933）『会計学』千倉書房。

桑田耕太郎（2006）「経営戦略」稲葉元吉・山倉健嗣編著『現代経営行動論』白桃書房，第8章所収。

桑田耕太郎（2012）「経営学の実践的展開――バーナードとサイモンの比較を通じて――」『経営学の思想と方法（経営学史学会年報第十九輯）』127-138頁。

桑田耕太郎・松嶋登・高橋勅徳編著（2015）『制度的企業家』ナカニシヤ出版。

中川敬一郎（1981）「組織の経営史的考察」中川敬一郎編『比較経営史序説』東京大学出版会，79-99頁。

松嶋登・高橋勅徳（2009）「制度的企業家というリサーチプログラム」『組織科学』Vol. 43, No. 1, 43-52頁。

5 管理論・企業論・企業中心社会論
——企業社会論の展開に向かって——

渡 辺 敏 雄

I. はじめに

　経営学の中には，諸々の潮流が存在する。日本における経営学的研究を概観すれば，英米圏の研究を色濃く反映し，そこでの主流が同時に日本でも取り上げられ，研究対象とされることが多いのが現状である。
　英米圏の研究の主流は，言うまでもなく，経営組織論と経営戦略論であろう。この事情を反映して，日本では，企業の組織運営ならびに戦略展開について，英米の主要学説が紹介，位置づけされ，またケーススタディーや計量的な研究も盛んに行なわれている。
　ただし，そうした研究構想とは軌を一にせず，企業の効率的運営の実現から出発するのではなく，労働者の立場，企業が置かれた社会における人々の立場に立つ経営学的研究も見られる。例えば，職場における労働の人間化を巡る経営学的議論，コーポレート・ガバナンスを巡る議論ならびに企業の社会的責任論等は，この典型例である。
　企業の効率的運営を基礎的価値に据える研究が管理論的研究であると見られ，企業行動の原理とその影響を探求する研究が企業論的研究と見られる。
　われわれの主たる関心は，市場経済体制下において，企業が市民の生活に対して与える影響である。それに関する議論を，企業社会論と呼ぶならば，そのひとつの方向性を提示したい。
　そのために，まず，主流をなすと見られる管理論的研究の特質を窺い，次に，これと対比して，企業論的研究の特質を窺うこととする。その際，企業論的研究の特質を窺うに当たっては，その代表例としての村田和彦氏の経営

学説を見ることとする。その上で，われわれが構想する企業社会論の方向を模索する。

II．管理論としての経営学

われわれは，管理論的研究の特質を窺うに当たって，応用科学の意味から入ろう。

応用科学の意味は，それを構成する言明の特質から見ると，基本的には，法則的仮説の存在を前提して，その原因結果関係を，目的手段関係に転換していって成立する技術論的言明を作っていくものである，と考えられる。

この特質を前提すれば，学説が，第1に，「技術論的言明の展開をなす」という特質を持ち，第2に，「企業目的の達成を目指す」という特質を持つならば，その学説は，まずは管理論である，と解せられる。

この特質を持つ経営学的研究以外にどのような研究があるのかに関しては，「純粋理論科学としての経営学的研究」ならびに「技術論的言明の展開をなすが，企業目的の達成を目指すのではない経営学的研究」があると考えられる。

このうち「純粋理論科学としての経営学的研究」については，そうした研究方向は，目的ないし価値の実現を支援するものではないが，その根底にはやはり価値観を置いている。根底に置く価値観の区別に従って，こうした研究方向の中にも，少なくとも2つがある。

まず一方で，根底に置く価値観に関して，企業目的の達成ないし成果を念頭に置く研究方向が考えられ，この方向は，経営現象に関して現象と成果変数との関連を理論的，経験的に把握していく研究となる。こうした研究方向は，やはり管理論的研究に含まれ得ると見なされる。

次に他方で，根底に置く価値観に関して，企業目的の達成ではなく，企業において働く人々や企業の置かれた環境やより広い社会の価値観を念頭に置く方向が考えられ，企業行動がそれらに対してどのような影響を及ぼすのかに関する究明が営まれるならば，そうした研究方向は，企業論的研究に含まれる。

さらに，そこにおける理論的，経験的究明を踏まえながらも，この純粋理論科学の一線を越え，そこで根底に置かれている価値の達成方法を応用科学的に提示する研究が営まれるとするならば，そうした研究方向は，上記の「技術論的言明の展開をなすが，企業目的の達成を目指すのではない経営学的研究」に相当するものと考えられる。

III．企業論としての経営学

1．企業の目的論的特質

企業は，社会の中で，基本的機能として，市場を通じて財ならびにサービスを供給する。この基本的機能を果たすために，企業は戦略を立て，また，内部を合理的に運営しようとする。管理論は，この方向に向かった研究である。ただし，企業はこうした基本的機能を果たす過程で，労働者，消費者，市民に対して，さまざまな影響を与えていく。

このような影響を考慮する学説の例として，われわれは，村田和彦の企業論としての経営学（村田 2006）を出発点に置く。

村田によれば，企業は，①自らにとって望ましい帰結を意図に取り入れ，②自らにとって望ましくない帰結を未然に防止しようとする。③自らにとって望ましくない帰結であっても，企業外の人間から望ましいと評価された帰結については，その実現を意図に取り込む場合がある。④自らの帰結について，企業外の人間から望ましくないと評価された帰結については，その発現を未然に防止することを意図に取り込む場合がある。

ここに現れた特質は，企業によって意図された帰結についても，ならびに，企業によって意図されざる帰結についても，こうした帰結が，企業行動によって影響を受ける企業内外の人間からの評価を通じて，企業に与える反作用が企業によって意識される場合には，それは，やがて何らかの形で，企業の意識的活動の中に組み入れられていき，その限りで，企業行動について目的論的説明が及び得ることとなるという形に纏められる。

われわれは，次に，村田の企業論としての経営学の概略を見る。

2. 企業活動の影響と企業論の基本的特質

(1) 労働過程の生産合理化活動

　企業は，人的生産力を対象として分業化の原理を押し進めてきた（村田 2006，79-111 頁）。管理と作業の分離は，直接的生産活動の担当者の立場から，生産活動に関する管理労働を取り上げ，執行労働のみを担当させる傾向を持つ。これは，供給能力が熟練労働による支配によって制限されている事態を解除し，市場の需要に即応できる供給体制を確立することを目的としている。このためになされるのが，組織化努力としての分業の努力と機械化努力である。

　構想と執行の分離と，その上で執行すなわち生産労働の細分化が進められたのである。執行の細分化の理由は，労働者から個性的・主観的熟練を排除しなければ，製品市場の求める供給能力を確保することができないことに求められる。このこととの関連で，細分化され単調な労働から帰結する生産動機上の否定的な要素が生まれるに至った。それと同時に，企業側からのこうした事態への対応策として，職務の再設計，自律的作業集団の導入が，これまで検討の上，提示された。この過程は，生産に携わる労働者によって望ましくないと評価された帰結について，企業がその発現を未然に防止することを意図に取り込む場合の事例である。

(2) 企業による外部に対する影響

　企業は，その外部に向かっても影響を及ぼす（村田 2006，147-186 頁，198-200 頁）。この側面は，市場を通じて売買される商品によって，われわれの生活の利便性が上昇する面もあれば，市場を通じない経路で市民生活に影響が及ぶ場合もあることをいう。欠陥商品や公害がそうした事態に相当する。それらは，市民が企業との関わりにおいて直面している問題，市民社会において企業との関連で生じた問題であって，かつそれらは，企業外の人間から望ましくないと評価された帰結である故に，企業が，その発現を未然に防止することを意図に取り込む場合に相当する。

　村田においては，生産に携わる労働者の問題に関しても，欠陥商品や公害の問題に関しても，それらに対する企業の対応に関して，企業が，対象の人々に対する企業行動の帰結の作用を放置することなく，その否定的帰結を

防止しようとすると理解されている。

　ここに，企業行動をその意図から，すなわち自らの目的を実現し長期的に維持存続したいという意図から説明を試みる方途が見られ，この限りで，村田の企業論としての経営学においては，目的論的説明が取られていると解されるのである。

　ただし，村田の議論においても，企業は，自らの帰結について，企業外の人間から望ましくないと評価された帰結については，その発現を未然に防止することを意図に取り込む場合がある，と考えられているのであり，企業外の人間から望ましくないと評価された帰結について，企業は，その「全て」の発現を未然に防止するとは限らない。企業外の人間から望ましくないと評価されながら，未然に防止されなかった帰結については，当面社会に放置され，企業社会の特質として定着することが予想される。

　そうした特質にも，2つの種類があることを，われわれは見逃してはならない。一方で，社会に放置され続ける害悪と，他方で，市民にとっては必ずしも害悪とは認知されず，甘受すべき範囲の影響ならびに必ずしも意識にすら登らず市民生活の特質の一部となっていく影響がそれらである。

　われわれは，後者の影響を中心に見ていくこととする。なぜなら，この特質こそ，われわれが構築しようとする企業社会論の関心の対象となっていくからである。

3．市民の日常行動の長期的変更に対する企業の影響

　以上では，われわれは，企業外の人間から望ましくないと評価された帰結とならんで，企業の商品供給が消費者生活にもたらすより広い影響もある，と考えた。

　そのことを踏まえれば，われわれの見解によれば，企業が社会に与える影響には，次のものがある。

① 企業自らにとって望ましい帰結を意図に取り入れる故に，そうした帰結は，社会に定着していく。
② 企業自らにとって望ましくない帰結を未然に防止しようとする故に，そうした帰結は，社会からは消失する。

③ 企業自らにとって望ましくない帰結であっても，企業外の人間から望ましいと評価された帰結については，その実現を意図に取り込む場合がある故に，そうした場合の帰結は，社会に定着していく。

④ 企業自らの帰結について，企業外の人間から望ましくないと評価された帰結のうち，その発現が企業による未然の防止の対象とはならず，社会に放置される帰結が存在する。この帰結に関しては，市民からの訴えによって，企業側がその帰結の防止を行なうまで，社会に存在する。したがって，この帰結は，一方での企業による帰結の未然の防止による社会からの帰結の消失と，他方での社会における帰結の定着の中間に，位置することとなる。

⑤ 企業自らの帰結について，企業外の人間から望ましくないと評価された帰結については，その発現を未然に防止することを意図に取り込む場合があり，そうした場合の帰結は，社会からは消失する。

こうして概観してみると，社会にどのような特質が定着するのかは，企業側の論理において，ないし企業側の都合で，選抜されている。

われわれは，ここで，企業が社会に与える影響を，(1)商品それ自体の特質，(2)商品が市民生活に与える影響，(3)商品がより広い社会に与える影響に分類して，議論を続けよう。

(1) 商品それ自体の特質

村田の議論においては，企業が商品それ自体の特質に与える影響に関しては，次のことが言われている（村田 2006, 191 頁）。

① 企業の見地から商品が作られるので，消費者にとっての安全性・良質性・機能性が軽視される。② 量産化・機械化・低コスト化・低価格化により品質が劣化した商品が提供される。③ 使い捨ての商品が提供される。④ 耐用年数の意図的短縮化が行なわれる。

以上のことが列挙されている。

(2) 商品が市民生活に与える影響

商品が市民生活に与える影響に関しては，次のように言われている（村田 2006, 189-192 頁）。

生活労働には，一方で，手段的準備作業的特質を持つ営みと，他方で，最

終目的的性格を持つ営みがある。このうち，前者つまり手段的準備作業的特質を持つ営みを消費者はできるだけ他者に代行させようという，生活労働の外部化の性向が見られる。この外部化の性向によって，消費者は，当該の部分の労働に必要とされていた熟練を失い，消費者の生活能力は，低下・萎縮化する。生活手段のみならず，生活労働もまた企業によって商品として生産されているところに，資本主義社会における消費社会の特徴がある。

　村田は，生活手段と生活労働の商品化の進展が，資本主義社会の特質に対してもたらした変化を要約し，次の傾向を提示する（村田 2006, 228-229頁）。① 企業が商品に組み込んだ発想ないし物の見方をそのまま需要し，企業が構想し提案した消費生活様式をそのまま需要する消費者が増大することは，生産者が主導する消費生活様式が進展することを意味する。② 生活手段と生活労働の商品化の進展は，市民が自給生産者としての性格を喪失し，必要とする生活手段を自ら作り出す能力すなわち「生活能力」を喪失することを意味する。③ 生活手段と生活労働の商品化の進展は，また消費生活にとっての必要品を連帯して作り出す努力を断ち切るので，家庭および地域社会の崩壊をもたらす。④ 市民が消費生活を営むために身に付ける必要のある生活技能が，商品を使いこなす技能に転化する。

　以上に提示した企業の商品供給が消費者生活にもたらすより広い影響に関して，村田は，もともとの説明の主力であった目的論的説明に加えて，法則的説明も使用する姿勢を見せたのである。

(3)　商品がより広い社会に与える影響

　商品がより広い社会に与える影響に関しては，次のように言われている（村田 2006, 191頁）。

　特に，問題となるのは，企業による画一的商品の量産化によって，生活労働に関する熟練を基礎にして成立しているところの家庭，地域社会，国に固有の伝統的・個性的・民族的生活文化が解体することである，と。

　以上の(1)から(3)で触れられた企業による影響は，いずれも，商品による直接的害悪というよりは，消費者の日常行動の長期的変更として解され得る。

　こうして，村田においては，企業に回避行動を取らしめる程の，消費者に対する害悪というよりも，消費者の日常行動の長期的変更に関して，その傾

向を窺う試みもまた，なされた訳である。これは，村田が，飽くまで経営学を構築しようとしたのに反して，一部分において提示された傾向は，企業による市民生活影響論ないし社会的影響論に関するものであり，そうした傾向に関しては，企業がその帰結の回避行動に出るという種類の特質が問題になっている訳ではないことを意味する。

ただし，われわれは，むしろ，村田によって提示された企業によるこうした市民生活影響論ないし社会的影響論は，企業社会論としての一歩を踏み出した意義を持つものとして，積極的に評価したい。

しかし，われわれは，企業社会論の構想に関して，村田の議論を補足する必要を感じている。われわれは，次に，そのことについて，論じよう。

Ⅳ．企業論から企業社会論へ

村田の企業論の主たる部分は飽くまで経営学であり，企業目的との関連において，企業の行動の社会的帰結を問題にするものである。これに対して，われわれによる学の構築は，企業が社会に対してどのような影響を与えているのか，に関してなされる。それ故，上記の，「企業による商品提供と生産者が主導する消費生活様式の進展との関連」，「企業による商品提供と市民の生活能力の喪失との関連」，「企業による商品提供と家庭および地域社会の崩壊との関連」，「企業による商品提供と市民の生活技能の商品使用技能への転化との関連」の指摘は，いずれも企業の商品提供と市民生活との関連についての傾向として捉えられ，その限りで，企業論の内容というよりは，むしろ企業社会論の内容をなす。

この方向に学の構築を進めるには，どのような課題があるだろうか。現今のわれわれの研究を踏まえて，そうした課題を例示的に提示しよう。

1．サービス産業における問題への拡大

企業社会では，商品が中心概念に躍り出るが，まずは企業という概念の内で，商品生産組織体だけに注目するよりは，むしろサービス生産組織体にも注目が及ぼされるべきである。なぜなら，そこでの仕事への従事者は，昨今

増大しており，サービス提供企業における労働者の問題の所在確認とその克服方法の科学的提示は，急務であり，また企業社会論の課題をもなすものである。

今後，サービス提供企業におけるそうした人々に対する管理から発生する問題は取り上げられて然るべきである。この側面は，既に，接客サービスの労働過程論[2]や接客サービスの感情労働論[3]として，研究され始めている。このうち，接客サービスの感情労働論においては，商品生産組織体を前提とした，構想と執行の分離と，その上で執行すなわち生産労働の細分化がもたらす問題の研究とは異なる問題設定がなされ，例えば，顧客に対する感情労働のサービスが接客労働者に強いられる場合に，それらの人々の感情にどのような影響が生じ，接客労働者はそれに対してどのように対処しようとするのか，といった研究がなされている。こうしたサービス提供企業における接客労働者に対する企業からの影響のうち，接客労働者の反感を企業が考慮し，その回避行動を取るといった事態以外の長期的影響については，企業社会論が取り上げるべきひとつの問題であろう。

また，もちろん対象がサービス提供企業にまで拡大することによって，商品の市民生活に対する影響論に追加して，サービスの市民生活に対する影響論が取り上げられて然るべきである。

もっともこのサービス提供企業への対象拡大は，企業社会論固有の問題ではなく，管理論としての経営学，企業論としての経営学においても考慮されて然るべきである。その意味では，ここではわれわれは，そうした事態を企業社会論もまた取り上げるべきであるという指摘を行なったことになる。

2．管理化への問題の拡大

企業社会論は，企業によって提供される商品ならびにサービスが市民に対して持っている影響に中心的関心を持つが，企業社会論は，企業が従業員に行なっている管理の影響という面を取り上げる課題をも持つ。

村田の見解においては，企業外部的には，企業が提供する商品によって生活労働と生活手段を含む家庭生活が規定される面が，専ら考察されている。村田は，このような形で，商品を重視し，その生産過程ならびに市民生活へ

の影響を考察している。
　しかし，企業の内部ならびに外部への影響は，商品から発生する事態のみであろうか。
　村田は，企業論としての経営学の研究対象に関して，組織を採用する立場は，社会を，使命を異にする多くの組織から構成された多元的社会として把握する立場であり，そうした多元的社会が機能するかしないかは，組織の管理活動に依存すると理解して，こうした立場からは，管理一般が経営学の対象となるとしている（村田 2006, 3-4 頁)。村田は，この方向における管理一般を対象とする立場を取らず，商品生産組織体としての企業を自らの企業論としての経営学の対象としている。この段階において村田の見解においては，管理という現象が，考察範囲の優先的位置からは脱落し，管理が取り上げられるとしても，直接的な商品生産との関連において射程に入ってくるのみである。
　われわれの見解によれば，こうした対象規定によっては，企業が，直接的に生産に携わる従業員を含めて，企業内外の人々を，生産合理化とは違った意味での管理の対象とするという事態の考慮がなされない。こうした事態の一例を挙げれば，企業が，従業員の居住地域の選択や居住地域内の人間関係にまで管理活動を浸透させることがこれに当たる。また別の例を挙げれば，企業がその立地地域の教育に影響し，あるいは広く企業制度が社会一般の教育に影響するという面もまた，企業による社会に対する広い意味での管理から派生した事態である。
　以上，例示的ではあるが，企業社会論の取り上げるべき課題を提示した。
　企業社会論は，まずは，商品生産組織体だけに注目しているよりは，むしろサービス生産組織体にも注目を及ぼすべきである。なぜなら，サービス提供企業における労働者の問題とサービスの市民生活に対する影響の問題は，内容次第では，企業社会論の課題をなすからである。
　企業社会論は，さらに，社会への商品の浸透とならんで，企業内における管理の影響ならびに企業外へのその浸透作用に関して考慮を及ぼす課題を持つ。企業社会論は，商品が持っている市民生活への影響の事態，約言すれば商品化の影響とともに，こうした企業の管理が持っている市民生活への影響

の事態，約言すれば管理化の影響に関しても，それを取り上げるという課題を持つ。

3．企業社会論の課題

以上のように，企業が提供する対象として，商品とならんでサービスを取り上げ，また，企業による管理の影響を取り上げるならば，われわれの今後の課題は，次のようになろう。

上記の商品による3つの影響，すなわち，①商品それ自体の特質，②商品が市民生活に与える影響，③商品がより広い社会に与える影響，を拡大して，①商品ならびにサービスの特質，②商品ならびにサービスと管理が市民生活に与える影響，③商品ならびにサービスと管理がより広い社会に与える影響，に関して事例を挙げて研究しながら，それらの側面が実際にわれわれの社会でどのように表れるのかを，確認していく必要がある。その際，商品の影響に関しては，われわれは，村田の提示した命題を具体化することが課題であると考えている。

さて，上記の後者の①から③を具体化するための研究は，どちらかと言えば，社会学的研究として発表されている成果に基づいた研究となる。

このことに関連して，われわれは，そうした研究の典型例として，社会のマクドナルド化（McDonaldization）に関する特質の究明を行なったリッツァ（G. Ritzer）の研究を一瞥しよう。

リッツァは，マクドナルドというアメリカに浸透したハンバーガー店を取り上げて，そこで生じていることを，ことごとく，現代社会の縮図のように捉え，現代社会の特徴は，すべてマクドナルド店から発生していると見なしている。

われわれはリッツァの見解の中から，上記の後者の①から③を具体化するための端緒を見出そう。

リッツァは，マクドナルド化の4つの次元として，効率性（efficiency），計算可能性（calculability），予測可能性（predictability），統御（control）を挙げ，そのひとつにでも相当する事態があれば，それを社会のマクドナルド化の現象とする。

その上で，リッツァは，マクドナルド化がもたらす「合理性の非合理性 (irrationality of rationality)」という項目の下で，社会に対してマクドナルド化が持っている影響の側面を取り上げている。

　第 1 に，マクドナルド化の 1 つの効果は，増加する均質性 (homogenization) である。アメリカ中のどこでも，さらに世界中のどこでも，同一の製品が同一の方法において提供される。アメリカにおけるフランチャイズの拡張は，人々が，地方あるいは，都市ごとの差異を見出せなくなっていることを意味する。

　この事態は，商品ならびにサービスの特質の変化に相当し，企業による画一的商品の量産化によって，生活労働に関する熟練を基礎にして成立しているところの家庭，地域社会，国に固有の伝統的・個性的・民族的生活文化が解体することの例に相当すると考えられる。

　第 2 に，ファストフード・レストランにおいて，家族が食事を取った場合，そこでは団欒の時間を伴う食事がされることはまずない。ドライブスルーであれば，一層，充実した時間はなくなる。最近，家族の崩壊が叫ばれているが，ファストフード・レストランは，家族の崩壊を決定的に押し進めたと言って良い。

　この事態は，商品ならびにサービスと管理が市民生活に与える影響のうち，サービスが市民に与える影響に相当すると考えられる。

　第 3 に，社会により広く目を向ければ，高等教育や医療においても，人間関係が希薄になっている。現代の大学では，多くの学生と教員が，工場のような雰囲気によって，不快感を持っている。多数の学生，大規模で反人間的な寮，大規模講義は，学生相互が知り合うのを難しくし，教授と学生の親密な関係の形成は，不可能と言って良い。医療の分野においては，患者側から見れば，多くの非合理性を引き起こしていて，そのうちで重大なもののひとつは，効率性への圧力によって，患者が，医療の作業工程を流れる製品のように感じる可能性があることである。また，患者は，医師や看護婦との個人的な関係を喪失している。

　この事態は，サービスと管理がより広い社会に与える影響に相当すると考えられる。

われわれは，こうして，リッツァの見解から具体例を拾い上げたが，今後は，より広範に事例を渉猟する必要があると考えている。

V．むすびにかえて

最後に，われわれは，何故，企業社会が，リッツァの言う合理性の持つ非合理性，すなわち一種の反人間的な特質を持つのか，に関して，かれが考察していることを取り上げて，結びにしておこう。

リッツァは，後期のマンハイム（K. Mannheim）に依拠しながら，機能的合理性（functional rationality）と実質的合理性（substantial rationality）を区別し，このうち機能的合理性は，事前に定義された目標に導くように組織された一連の行動であり，実質的合理性は，ある所与の状況における事実の内的諸関連への知的洞察を示す思考行動であると定義する[9]。

これらの両者の合理性の間には，機能的合理性を追求すれば，実質的合理性は達成できない，という関係がある。リッツァは，産業化，したがって，それが高度に進展しつつある企業社会は，機能的合理性を増加させたが，必ずしも実質的合理性を増加させなかったと考え，さらに，機能的合理化は，人々に独自の判断能力を残さないようにして，実質的合理性を消失させると指摘する。

ここで言われていることは，マクドナルド化した社会ないし現代の企業社会では，大多数の労働者は，自分達を巡る状況を解釈する能力を喪失している，ということである。リッツァは，マクドナルド化した社会においては，われわれは，特に思考能力を脅かされ，思考能力の喪失に苦悩する，と指摘する。

ひたすら機能的合理化の高揚に突き進んで，人々が現状を解釈し思考する能力を喪失していること，ここにこそ，現代企業社会の反人間的事態の根源があると見られる。

注
1） 村田和彦（2006），『経営学原理』中央経済社．
村田和彦（2011），『経営学原理［改訂版］』中央経済社．

2) 鈴木和雄 (2012),『接客サービスの労働過程論』御茶の水書房。
3) Hochschild, A. R. (1983), *The Managed Heart: Commercialization of Human Feeling*, University of California Press.（石川准・室伏亜希訳『管理される心——感情が商品になるとき——』世界思想社, 2000 年。）
4) Ritzer, G. (2004a), *The McDonaldization of Society*, Revised New Century Edition, Sage Publications.（正岡寛司訳『21 世紀新版 マクドナルド化した社会——果てしなき合理化のゆくえ——』早稲田大学出版部, 2008 年。）
5) Ritzer, G., *op. cit.*, pp. 134-158.
6) Ritzer, G., *op. cit.*, pp. 147-148.
7) Ritzer, G., *op. cit.*, pp. 152-154.
8) Ritzer, G., *op. cit.*, pp. 154-156.
9) Ritzer, G. (2004b), "Mannheim's Theory of Rationalization: An Alternative Resource for the McDonaldization Thesis?," in: Ritzer, G. (2004b), *The McDonaldization Thesis: Explorations and Extensions*, Sage Publications.（正岡寛司監訳『マクドナルド化の世界——そのテーマは何か?——』早稲田大学出版部, 2001 年。）

参考文献

Hochschild, A. R. (1983), *The Managed Heart: Commercialization of Human Feeling*, University of California Press.（石川准・室伏亜希訳『管理される心——感情が商品になるとき——』世界思想社, 2000 年。）

Ritzer, G. (2004a), *The McDonaldization of Society*, Revised New Century Edition, Sage Publications.（正岡寛司訳『21 世紀新版 マクドナルド化した社会——果てしなき合理化のゆくえ——』早稲田大学出版部, 2008 年。）

Ritzer, G. (2004b), *The McDonaldization Thesis: Explorations and Extensions*, Sage Publications.（正岡寛司監訳『マクドナルド化の世界——そのテーマは何か?——』早稲田大学出版部, 2001 年。）

Simon, H. A. (1945), *Administrative Behavior: A Study of Decision-Making Processes in Administrative Organization*, Macmillan, New York.（松田武彦他訳『経営行動』ダイヤモンド社, 1965 年。）

鈴木和雄 (2012),『接客サービスの労働過程論』御茶の水書房。

村田和彦 (2006),『経営学原理』中央経済社。

村田和彦 (2011),『経営学原理 [改訂版]』中央経済社。

渡辺敏雄 (2000),『管理論の基本的構造——論理・観点・体系—— [改訂版]』税務経理協会。

渡辺敏雄 (2008),『日本企業社会論』税務経理協会。

渡辺敏雄 (2010),「企業社会と家族生活」『商学論究』(関西学院大学商学研究会) 第 57 巻第 4 号。

渡辺敏雄 (2012),「経営学原理の対象と方法——村田和彦氏の見解を中心に——」『商学論究』(関西学院大学商学研究会) 第 60 巻第 1・2 号。

渡辺敏雄 (2013),「経営学原理における労働と商品——村田和彦氏の見解を中心に——」『商学論究』(関西学院大学商学研究会) 第 60 巻第 3 号。

渡辺敏雄 (2014a),「企業社会と感情管理——アーリー・ホックシールドの見解を中心に——」『商学論究』(関西学院大学商学研究会) 第 61 巻第 4 号。

渡辺敏雄 (2014b),「商品としての感情——アーリー・ホックシールドの見解を中心に——」『商学論究』(関西学院大学商学研究会) 第 62 巻第 1 号。

第III部
論　攷

6　コントローリングの導入と普及

小　澤　優　子

I．はじめに

　コントローリング（Controlling）やコントローラー（Controller）がドイツの実践や理論において重要視されている[1]。これは，アメリカのコントローラー制度（controllership）を起源とするものであり，1950年代後半に西ドイツに紹介されてからしばらくの間はあまり注目されないままであった。その後，1960年代にコントローリングという概念が見られるようになり，これが60年代後半から70年代前半，さらには，70年代末から90年代前半にかけて，ドイツ独自のものとして急速に普及していくこととなる。
　そして，今日，ドイツの多くの企業でその導入が進んでいる。コントローラーはマネジャーにとって必要な情報を提供することを通じて財務面から彼らの全般的な支援を行い，企業目標の達成に貢献するのである。彼らは専門職とみなされ，一部の企業では非常に高い地位や権限を有している。
　しかし，その役割やコントローリングに関する理解の多様性に対して，90年代以降，多くの批判がなされている。シュナイダー（D. Schneider）は，コントローリングがとりわけ「調整」という概念のもとで多岐にわたる機能を持つことを指摘し，コントローラーはまるでスーパーマンのようであると批判的な見解を明らかにしている（Schneider 1994, s. 459）。
　そこで，本稿においては，コントローラー制度がいかなる背景のもとでドイツ独自のものとなり，どのような機能に発展を遂げることによって実践や理論に導入されたのかを検討していく。具体的には，その発展や導入が進んだ1960年代後半から90年代前半に焦点を絞り，その普及を促進させたドイツの全体経済的・個別経済的な要因と，それに伴うコントローリングそれ自

体の変遷を明確化する。これらを通じて，多様化しているといわれるコントローラーの本来的な役割を確認し，それが企業管理に不可欠であることを明らかにしたい。

II．コントローリングの導入と変遷

1．コントローラーの紹介

　第二次世界大戦後の西ドイツにおいては，ドイツ経済合理化協議会（Rationalisierungs-Kuratorium der Deutschen Wirtschaft；以下 RKW）によって生産性向上のための活動が行われ，その一環としての国際交流事業の重要な柱となる訪米視察団が派遣された（工藤 1999, 467-513頁）。コントローラー制度の重要性が指摘されたのは，1957年に発表されたこの視察団によるアメリカ企業の経営管理に関する出版物を通じてであった。これが報告書第51号『計画および統制による経営管理（Betriebsführung durch Planung und Kontrolle）』(Auffermann und Gälweiler 1957) である。執筆をしたのはアウフファーマン（J. D. Auffermann）をはじめとする研究者グループであり，彼らは当時のアメリカ企業でのコントローラーの重要性を認識し，その発達が見られなかった西ドイツにこの役割を詳しく紹介しようと試みている。

　コントローラーに関しては，この報告書の中の第3章「コントローラー――企業者としての一つの役割（eine unternehmerische Persönlichkeit）――」におもに記されており（Auffermann und Gälweiler 1957, s. 42-57），たとえば，その意味や彼らの役割ならびに職務，アメリカの企業組織や社会における位置づけが取り上げられている。それに基づき，西ドイツの企業経営にコントローラーを導入することに対する可能性についても考察が行われている。

　アウフファーマンらは，まず，アメリカのコントローラーに完全に一致している概念がドイツでは見られないと述べ，彼らの職務を検討することを通じてそれがどのようなものであるのかということを明確化しようとしている（Auffermann und Gälweiler 1957, s. 42-52）。ここでは，アメリカコントロー

ラー協会により定められたその職務として，取締役会や監査役会のための全社的な計画の策定や監視，予算統制，計画目標と計算制度による実施の程度のチェック，分権化されたすべての管理部門の調整などが指摘される。そしてこのために，利益計画，原価計算，予算統制が重要であると結論づけられた。さらに，企業でのコントローラーの職位についても提示されており，彼らが副社長と同等であったり財務担当副社長直属の部下であったりするなど，非常に高い地位を占めていることが明らかにされている。

以上の報告のまとめとして，彼らは，企業管理においてコントローラーが必要なものであるにもかかわらず，西ドイツでそれがあまり認識されていないということを指摘している。その一方で，コントローラー制度と計算制度（Rechnungswesen）の機能が類似しており，計算制度が十分にその役割を果たしているという見解が述べられている（Auffermann und Gälweiler 1957, s. 56 f.）。このことは，当時の西ドイツでコントローラーの重視へとつながらなかった要因の一つであると考えられよう。

2．コントローリングの変遷

西ドイツでコントローラー制度の重要性が明らかにされたのち，これはいかにドイツの実践や理論に採り入れられたのであろうか（図1参照）[2]。

ヴェーバー（J. Weber）とシェッファー（U. Schäffer）らの調査によると，コントローラーの職位を設置する企業数の増加が見られたのは，1960年代に入ってからである（Weber und Schäffer 1998, s. 228）。その数は1970年代前半に大幅に増加し，70年代後半にはいったん減少するものの，80年代後半以降90年代にかけては急速に増えている。導入された当初は大規模な企業でその普及が進んだが，80年代後半以降は，中小規模の企業においてもその設置が見られるようになった（Küpper, Winckler und Zhang 1990）。

コントローリングの歴史について検討を行ったリングナウ（V. Lingnau）は，1960年代終わりから70年代を「普及段階」，さらには70年代末以降を「強化段階」と称し，コントローリングがドイツの実践や理論に広がっていく過程とあわせてその機能の変遷についても言及している（Lingnau

1999)。図1において示されているとおり，初期段階から普及段階において，計算制度志向的なものから情報志向的なものへの機能の拡大が見られる。その後，コントローラーが関与する対象やレベルのさらなる広がりが，強化段階への移行を促すこととなった。[3] コントローリングの機能は管理システム全体の調整を行うことによるマネジャーの支援であると捉えられ（マネジメント志向的・調整志向的），さらに，戦術的なレベルのみならず戦略レベルの意思決定の際にマネジャーが必要とする情報を提供することにまで拡大した（Baum, Coenenberg und Günther 2013；小澤 2010；深山 2015）。

また，コントローリングに関する研究が進められるようになったのは「普及段階」の頃からである。とりわけ「強化段階」に入り，ホルヴァート（P. Horváth）による論文（Horváth 1978）やハーンによる調査結果（Hahn 1978）の公表を契機に，論文や著書が徐々に発表されるようになる。1990年前後以降は，彼らに加えてキュッパー（H.-U. Küpper），ヴェーバーやシェッファーらを含めた研究者や実務家によって多様な研究が明らかにされており，これらはいくつかのアプローチに類型化されうる。シュナイダーは

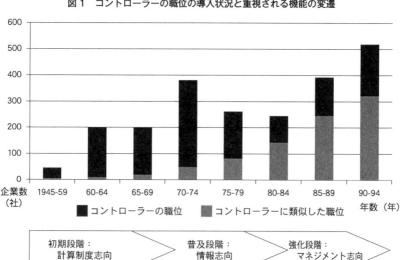

図1　コントローラーの職位の導入状況と重視される機能の変遷

（出所）　筆者作成。

計算制度志向的アプローチの代表的な論者であり，また，ハーンの見解は計画・統制志向的アプローチに当てはまる。ホルヴァート（Horváth 2011）やキュッパーら（Küpper, Weber und Zünd 1990）は，ハーンによって指摘されたコントローリングの対象を拡大し，調整志向的な見解を明らかにしたのである。[4]

Ⅲ．コントローリングの普及

　本節と次節においてわれわれは，コントローラー制度がコントローリングとして普及した背景を検討していく。[5] まずは本節で，コントローラー制度がコントローリングとしてドイツの理論や実践に初めて広がることとなった1960年代後半から70年代前半の状況を取り上げ，考察を行っていく。
　第二次大戦後，西ドイツ経済は急速な成長を遂げて年平均8％強という成長率の高さを誇った。その後の60年代も西ドイツは最も成長した国の一つに属しており，1968年から72年のGDP年平均増加率は5.2％に達している。これは同じ時期の他国の数字と比べても，非常に高い値である。1950年代から1960年代にかけては，西ドイツにとって「経済の奇跡」とその後の安定成長を誇った時期である（工藤 1999）。1960年代に入るとこうした状況に翳りが出はじめ，西ドイツは，1966/67年に不況となり経済成長がマイナスとなる事態に見舞われる。ただし，1966/67年不況は「マイルドな性質」といわれ，あまり重大な問題であると捉えられなかった（戸原・加藤 1992, 24-25頁；古内 2007, 117-121頁）。
　しかしその後，1973年の10月には第一次石油危機が生じ，西ドイツ経済における問題が露呈していくこととなる。西ドイツの高成長を支えていたのは安価なエネルギー価格であったためである。また，1970年代初頭には労働コストの問題などによって企業の高コスト構造が明らかとなって企業利潤率の低下へとつながっていき，西ドイツに1974/75年の不況がもたらされた（古内 2007, 177-181頁）。
　また，この当時の企業経営の状況としては，ドイツ企業を取り巻く環境は大きく変化し，資本の集中・集積の進展や，巨大企業を中心として多国籍化

が進んだことが指摘される。これに加えて，1950年代末に重要性が認識され始めた事業部制組織を採る企業が徐々に増加し，管理の分権化が行われていった時期でもある（山崎2009, 446-504頁）。

　以上のような全体経済的・個別経済的な背景のもと，コントローラー制度は変化していくこととなる。企業規模の拡大により経営者や管理者の職務が複雑化し，彼らが必要とする情報をコントローラーが提供するなど，その支援が求められることとなった。また，事業部制組織の発展は分権管理の進展を意味し，そのことによって，総合的な利益管理のような各部門からの情報を統合するためのシステム整備の必要性が生じ，中央のスタッフを拡大することが不可欠とされた。この役割がコントローラーに求められることとなり，ここに計算制度志向的な機能から情報志向的なものへの中心的な機能の変化が見られた。

　そして，性格の変化と同じ時期に，コントローラー制度にかわりコントローリングという名称が見られるようになった。これがいつ頃生成したのかは不明確であるものの，1960年代終わり頃にはこの名称の定着が確認されている（Lingnau 1999, s. 82）。アメリカ的な管理技法を採り入れることに対して抵抗感があった状況においては，ドイツ独自の概念への発展ともいえる名称の変化は，その導入への重要なきっかけとなったと考えられる。

　不況による新しい役割の必要性とあわせてその機能の対象が拡大したこと，さらには，ドイツ独自の概念として発展し始めたことは，コントローリングの普及を大きく後押しした。[6]

IV．コントローリングの発展

　図1から明らかなように，1970年代末から80年代前半にかけて，コントローラーならびにそれに類似した職位の企業における全体の導入数はいったん減少するものの，80年代後半以降，その数は急速に増加している。また，研究面では，調整志向的な見解を中心としてコントローリングに関する研究が目覚ましい勢いで進められていった時期である。大学におけるコントローリングの講座数も，1980年にその数は10にも満たないものであったが，

1990年には22, 2000年には58に達し, 2004年時点では72とその数が増加している。コントローラーの専門教育は大学で行われることが一般的であるため, 講座数の増加からコントローラーに対する需要が高まっていることを読み取ることができる (Binder und Schäffer 2005, s. 102)。

このようなコントローリングの「強化段階」当時の経済全体の状況として, まず, 1980年代における低成長, すなわち, 西ドイツの経済成長の鈍化が指摘される (工藤 1999, 517-567頁；古内 2007, 201-233頁)。したがって, 企業の活動もあまり活発ではなく, 当時は国際競争力の低下も見られた。その後, 景気は1983年以降に徐々に回復して1990年まで拡大を続けるものの, 1992/93年の不況を迎えることとなる。不況によるコスト削減の要求などがコントローリング導入につながる可能性はあるが, それに大きな影響を及ぼしたのは個別経済的な要因だと考えられる。

注目に値するのは, この時期に企業集中が進んだという点である (佐々木 1990, 第3章；工藤 1999, 562-567頁)。経済全体としては停滞している状況であったものの企業の集中は活発化し, 1980年に635件であった企業結合の数は景気の回復に伴って1985年には709件に達し, その数の増加は1990年以降も止まることはなかった。その規模が大型化したことも, 特徴として挙げられる。70年代のコントローリング普及の要因となった事業部制組織を採る企業も, 1980年代後半にますます増加した。また, 西ドイツの大企業は早い段階から国際化を進めて海外現地生産を行い, 組織の分権化が進んでいった (佐々木 1990, 119-134頁)。

企業を取り巻く環境変化が激化する中でコントローリングはさらに発展していく。コントローラーはマネジャーの意思決定の全般的な支援という幅広い職務を担うこととなった。すなわち, その機能は管理システム全体の調整と理解され, そのための手段として予算管理や振替価格などが重視された。[7] さらに, 1980年代以降, 彼らは戦略レベルの意思決定にも関与していく。戦略的コントローリング (strategisches Controlling) が登場し, その重視へとつながったのである。従来の戦術的なレベルでのコントローリングが貨幣額で表される量的な情報を, 原価計算などを通じて提供していたのに対して, 戦略的コントローリングは, 戦略的な計画策定に不可欠となる質

的な情報の提供という形でマネジャーを支援する（Baum, Coenenberg und Günther 2013, s. 14）。

　これに伴い，コントローラーの企業内の地位は非常に高いものとなっている。とりわけ大規模な企業は，事業部などの各部門にその職位を設置して部門マネジャーを支援する仕組みを採り入れるとともに，コントローラー全体を統合するためにコントローリング担当の取締役などを配置している。

　また，コントローリングに関する研究も実践における必要性に伴って進展した。第Ⅱ節第2項で指摘した通り多様なアプローチがあるものの，上記背景のもとで，ホルヴァートやキュッパーらによる調整志向的な見解を中心として急速にその数を増やしている[8]。

Ⅴ．おわりに

　本稿の目的は，コントローリングの普及が進んだ1960年代後半から90年代前半までのドイツ企業を取り巻く環境を検討することにより，実践や理論へのコントローリング導入の背景を明らかにするとともに，その機能を再確認することにあった。

　Stoffel（1995）の調査によると，アメリカのコントローラーが予算管理や内部報告制度，さらには，外部会計制度や税務計画にかかわるのに対して，ドイツにおいて，彼らは予算管理や戦術的計画，内部報告制度に強く関与し，外部報告制度にかかわることはまれである。すなわち，これまで検討してきた背景のもとで，支援対象ならびにそのレベルの拡大は見られたものの，マネジャーに財務的なデータを中心として情報提供をすることを通じて彼らの支援をするという，コントローラー制度が紹介された当初の機能を，ドイツのコントローラーは引き継いでいると考えられる。

　その一方で，近年，企業経営におけるグローバル化の進展によって，アメリカ的な財務会計や財務報告などにあまり関与することのない，ドイツ独自のコントローリングのあり方が理解されにくいという状況も生まれている。また，1990年代半ばごろから，グローバルな活動をしている大企業が投資家を意識した情報提供を志向する国際会計基準（IFRS）を自主的に採用し，

このことが，コントローラーが扱う情報に影響を及ぼしている可能性は高い。これら問題について検討することは，今後に残された課題である。

注
1) コントローリングとは管理システム全体を支援する仕組みであり，コントローリング自体も管理の一部分システムと見なされる。この役割を担うのがコントローラーであり，彼らは財務的な情報を提供することを通じてマネジャーの意思決定の支援を行う。本文中にも述べたとおり，近年，その機能を他の管理システムの「調整」と捉える見解が支配的である。
2) この図上部のグラフは，ヴェーバーとシェッファーの文献から引用したものに加筆・修正をしている (Weber und Schäffer 1998, s. 228)。また，下図の重要視される機能の変遷に関しては，Lingnau (1999, s. 83-87) の見解をもとに筆者が作成したものである。
3) 各段階におけるコントローリングの特徴の詳細は，小澤 (2005) を参照。なお，これについては，計算制度志向的な機能からマネジメント志向的（調整志向的）なものに至るまで，機能や手段そのものが全体として変化したということではない。コントローリングの対象の拡大に伴い，コントローラーの役割の拡大が見られ，その中で重点が移り変わったということを意味している。本文中でも述べたように，当初は原価計算などが手段として重視されていたが，近年の戦略などの重要性にともなってコントローリングがかかわる領域が拡大し，戦略的計画レベルへの情報提供や全体としての調整がとりわけ重要視されるようになった。このような流れの中でも戦術レベルの情報提供は，不可欠なものと見なされている。
4) コントローリングについては，本文中で指摘したもの以外のアプローチも見られる。これらの詳細に関しては，おもに，小澤 (2002) や深山 (2014) を参照。
5) 1960年代から1970年代までのドイツ経済全体の詳細に関しては，おもに，出水 (1978, 159-230頁)；加藤 (1988, 79-106頁)；佐々木 (1990, 1-38頁)；戸原・加藤 (1992, 21-34頁)；古内 (2007, 117-200頁) を参照。
6) この時期のコントローリングの普及に関する詳細は，小澤 (2012, 53-56頁) 参照。
7) 個々の管理部分システムのための手段もあるが，コントローリングにとって重要となるのは全体的な調整のための手段である予算管理や振替価格などである。このことに関しては，紙幅の関係もあり，本稿では触れていない。詳細は，Küpper, H.-U. / Friedl, G. / Hofmann, C. / Hofmann, Y. / Pedell, B. (2013) や小澤 (2006) を参照。
8) 本文中でも述べたとおり，1990年代以降，研究者や実務家によってさまざまな理解が明らかにされており，このことが批判へとつながっていると考えられる。コントローリングに関する多様な見解については，深山 (2014) を参照。
9) ドイツでは，財務会計と管理会計とが明確に分かれており，アメリカの一元的な会計とは大きく異なった特徴を備えている。しかし，近年のグローバル化により「原価計算と財務会計の調和」（森本 2015, 221頁）を目指す企業があり，コントローリングにもその影響が及んでいる可能性がある。ドイツの管理会計については，森本 (2015, 第10章) を参照。ここでは，国際会計基準の原価計算への影響などについても触れられている。

参考文献
Auffermann, J. D. / Gälweiler, A. (1957), *Betriebsführung durch Planung und Kontrolle*, München.
Baum, H.-G. / Coenenberg, A. G. / Günther, T. (2013), *Strategisches Controlling*, 5. Aufl., Stuttgart.
Binder, C. / Schäffer, U. (2005), Deutschsprachige Controllinglehrstühle an der Schwelle zum Generationswechsel, in *Zeitschrift für Controlling & Management*, Jg. 49, (2005), ss. 100-104.

Hahn, D. (1978), Hat sich das Konzept des Controllers in Unternehmungen der deutschen Industrie bewährt?, in *Betriebswirtschaftliche Forschung und Praxis 30 (1978)*, ss. 101-128.
Hahn, D. / Hungenberg, H. (2001), *PuK, Planung und Kontrolle, Planungs- und Kontrollsystem, Planungs- und Kontrollrechnung, Wertorientierte Controllingkonzepte*, 6. Aufl., Wiesbaden.
Horváth, P. (1978), Controlling -Entwicklung und Stand einer Konzeption zur Lösung der Adaptions- und Koordinationsprobleme der Führung, in *ZfB*, Jg. 48, ss. 194-208.
Horváth, P. (2011), *Controlling*, 12. Aufl., München.
Küpper, H.-U. / Friedl, G. / Hofmann, C. / Hofmann, Y. / Pedell, B. (2013), *Controlling*, 6. Aufl., Stuttgart.
Küpper, H.-U. / Weber, J. / Zünd, A. (1990), Zum Verständnis des Controlling-Thesen zur Konsensbildung, in *ZfB*, Jg. 60. ss. 281-293.
Küpper, H.-U. / Winckler, B. / Zhang, S. (1990), Ergebnisse einer empirischen Erhebung über ihre Nutzung in der Industrie, in *DBW*, Jg. 50., ss. 435-458.
Lingnau, V. (1999), Geschichte des Controllings, in Lingenfelder, M. (Hrsg.), *100 Jahre Betriebswirtschaftslehre in Deutschland*, München, ss. 73-91.
Schäffer, U. / Binder, C. (2005), Die Entwicklung des Controlling von 1970 bis 2003 im Spiegel von Publikationen in deutschsprachigen Zeitschriften, in *DBW*, Jg. 65, ss. 603-626.
Schneider, D. (1994), *Betriebswirtschaftslehre*, 2. Bd., Rechnungswesen, München -Wien.
Stoffel, K. (1995), *Controllership im internationalen Vergleich*, Wiesbaden.
Weber, J. / Schäffer, U. (1998), Controlling -Entwicklung im Spiegel von Stellenanzeigen 1990-1994, in *Kostenrechnungspraxis*, Jg. 42, ss. 227-233.
Weber, J. / Schäffer, U. (2008), *Einführung in das Controlling*, 12. Aufl., Stuttgart.
Welge, M. K. (1988), *Unternehmensführung*, 3. Bd., Controlling, Stuttgart.
小澤優子 (2002),「コントローリング理論の基本構想」『関西学院商学研究』第51号, 209-225頁。
小澤優子 (2005),「コントローリングの生成と発展」『産研論集』(関西学院大学) 第32号, 39-46頁。
小澤優子 (2006),「コントローリングと管理部分システムの調整」『商学論究』(関西学院大学) 第54巻第2号, 71-86頁。
小澤優子 (2010),「戦略的コントローリング」『流通科学大学論集 (流通・経営編)』第22巻第2号, 165-176頁。
小澤優子 (2012),「コントローリング導入の背景」『神戸学院大学経営学論集』第8巻第1・2号, 47-60頁。
加藤浩平 (1988),「西ドイツにおける経済成長の停滞と「構造問題」──1970年から1982年の考察を中心に──」『経済と経済学』(東京都立大学経済学部) 第62号, 79-106頁。
工藤章 (1999),『20世紀ドイツ資本主義』東京大学出版会。
佐々木昇 (1990),『現代西ドイツ経済論』東洋経済新報社。
鈴木清之輔 (1981),「西ドイツにおける企業集中について」『三田商学研究』(慶応義塾大学) 24巻5号, 95-114頁。
髙橋宏幸 (2007),『戦略的持ち株会社の経営──グループ企業の再組織プロセスの研究──』中央経済社。
田中友義・久保広正 (2004),『ヨーロッパ経済論』ミネルヴァ書房。
出水宏一 (1978),『戦後ドイツ経済史』東洋経済新報社。
戸原四郎・加藤榮一編著 (1992),『現代のドイツ経済──統一への経済過程──』有斐閣。
戸原四郎・加藤榮一・工藤章編著 (2003),『ドイツ経済』有斐閣。

古内博行（2007），『現代ドイツ経済の歴史』東京大学出版会。
溝口一雄（1977），「転換期におけるコントローラー制度」『国民経済雑誌』第135巻第6号，1-19頁。
溝口一雄（1980）「西ドイツにおけるコントローラー制度」『国民経済雑誌』第141巻第4号，1-12頁。
深山明（2014），「コントローリングにおける技術論的構想について」『商学論究』（関西学院大学）第61巻第4号，137-154頁。
深山明（2015），「危機マネジメントとコントローリング──戦略的コントローリングの意義──」『商学論究』（関西学院大学）第62巻第4号，1-34頁。
森本和義（2015），『ドイツ原価計算研究』同文舘出版。
山崎敏夫（2009），『戦後ドイツ資本主義と企業経営』森山書店。

7 「トランス・サイエンス」への経営学からの照射
―「科学の体制化」過程への経営学の応答を中心に―

藤　沼　　　司

I．はじめに――問題の所在――

「トランス・サイエンス trans-science」とは，第3次科学（技術）革命が進行しつつある中，アメリカの核物理学者でオークリッジ研究所所長の A. M. Weinberg が，それまで価値中立的と考えられていた科学と政治・公共政策とが，つまり特定の価値とが結びつき，その交差する領域を指すための造語に由来する[1]。政策決定は価値判断と関わるがゆえに，「科学によって問うことはできるが，科学によって答えることのできない問題群からなる領域」として，トランス・サイエンス的問題領域が定式化された（Weinberg 1972）。こうした問題は，専門家のみで意思決定されるべきではなく，民主主義社会においては専門家を含む社会全体で討議・決定される必要がある，と Weinberg は主張した。

このトランス・サイエンス問題が，改めて注目を集めた重要な契機は，2011年3月11日に発生した「東日本大震災」―「東北地方太平洋沖地震」とそれに伴う津波およびその後の余震―であり，いまだ終息の見通しも立たない東京電力福島第一原子力発電所事故である。これらを契機に，原子力発電の「安全」神話が崩壊し，それを下支えしている科学・技術や科学者・技術者に対する「信頼の危機」が惹起された。それは，専門家間の，そして専門家と生活者間の認識ギャップの顕在化を通じて，生活者の，科学・技術や専門家への信頼の動揺を増幅させ，「不安」の拡大をもたらした。トランス・サイエンスをめぐる議論―以後「トランス・サイエンス論」と表記―の核心は，科学・技術のあり方，ひいては社会のあり方についての社会的合意形成

を目指した「専門家と生活者の協働」実現にある。ただし，Weinberg にしろ近年のトランス・サイエンス論にしろ，そこで想定される「専門家」は，半ば科学者や技術者を前提しているが，「協働の学としての経営学」の観点からは，「専門家とは誰か」を改めて問う必要がある。

　現代社会が，特定組織体内部あるいは社会全体での高度に機能分化した諸専門機能の緊密なネットワークによって構築された「専門化社会」であることを考えれば，このトランス・サイエンス問題は新たな意味合いを帯びてくる。専門化社会を生きるわれわれは，一面では「無数に機能分化した専門領域の職能人」（小笠原 2014）として機能化しつつ，他面では諸他の専門家によって提供される諸活動を所与として期待し，自己の生活の充実（再主体化）を目指す生活者である。しかも専門家あるいは生活者としてのわれわれの生活全般は，今日ますます科学・技術に裏付けられ，大いに規定されている。こうした観点からすれば「専門家」とは，機能分化された特定の専門領域において一般に証明された体系的な科学的知識を応用することで，非人格的な特定の組織目的実現に向けて機能化する職能人としてのわれわれ自身を指すのである。いわゆる 3.11 を機に，われわれは，科学・技術によって規定され実現されている物質的豊かさが，さらに言えば専門化社会自体が，トランス・サイエンス問題を抱え込んでいることを痛感させられた。

　こうした問題群に対して，「協働の学としての経営学」はどのような貢献が可能であろうか。本稿はその問いへの前段の作業として，トランス・サイエンスの生成過程を経営学の史的展開過程と重ね描くことで再構成し，「専門家と生活者の協働」実現に向けての問題の明確化を目指す。その際少なくとも，経営学において，①科学がどのように捉えられてきたか，②非人格的な特定の組織目的実現に向けて機能化するわれわれ諸個人が協働過程でどのように位置づけられてきたか，を確認する必要がある。

Ⅱ．「トランス・サイエンス」の概要——「科学の体制化」の意味——

1．「科学の体制化」の進展

　従来，異なる領域と考えられていた「科学」と「技術」が，「科学・技

術」として融合してきたのは，第1次および第2次世界大戦の戦間期，つまり1930年代である。それを「第3次科学（技術）革命」あるいは「科学の体制化」と呼ぶ。それは，国家主導による軍事技術の研究開発に向けた科学者や技術者の大量動員（マンハッタン計画）を原型とし，戦後，政府が科学研究に対して資金援助を行う形で，課題解決のために多数の科学者・技術者が協働するプロジェクト達成型の共同研究を典型とする。

科学の体制化とは，科学者や技術者の協働を通じて，目的を効率的に実現させるために科学と技術を融合させてきた点に特徴がある。この過程を経て科学は，何らかの目的の実現や課題克服という特定の価値と結びついた組織的活動という傾向を強めていった。その結果，科学・技術が特定の方向に促される形で爆発的に発展し，その諸成果が社会に広く深く浸透していくという現代社会の特徴が明確化してくる。こうした時代状況の中でWeinbergは，「トランス・サイエンス」という言葉を作り出した。

2．トランス・サイエンス問題の生成

20世紀半ば以降の巨大科学・技術は，多くのサブ・システムを内包した巨大なシステムとなっており，複雑で多様なメカニズムで作動しているため，原因と結果との間の時間的・空間的隔たりが大きくなってきて，その影響や帰結を予測することが著しく困難になってきている。そうした中，原発事故をはじめ，環境破壊，生殖医療，食品安全性，感染症予防等の具体的なトランス・サイエンス問題群が現れてきている。こうした問題群は，単に科学・技術の安全性を問うだけではなく，むしろ科学・技術の浸透による生活様式の変容の是非，社会のあり方の是非に関わる価値判断や倫理的配慮を求めている。それゆえ今日では，その社会的合意形成に向けて「専門家と生活者の協働」を具体化させる方途が検討されている[2]。

3．「科学の体制化」に伴う科学（者）の変容——科学以外の論理の浸入——

トランス・サイエンスの重要な契機は，「科学の体制化」である。その特徴を「第2次科学革命」（科学の制度化）と対比すれば，「研究の動機そのものが『好奇心駆動型』の個人研究から『プロジェクト達成型』の共同研究へ

と大きく転換する」(野家 2014, 33 頁) 点にある。

科学社会学者 J. R. Ravetz は，科学の制度化を「アカデミズム科学 academic science」と名付け，科学の体制化を「産業化科学 industrialized science」と名付け，対比している (Ravetz 1973, p. 31, 翻訳書, 46 頁)。科学研究が資本集約的になり軍事や産業と結びつくことで，科学者が政府や企業・財団等から委託されるプロジェクトの達成を目指す「ミッション志向」へと変質し，官僚制組織の中に位置づけられるように科学の体制化が進展していく。それは，科学内部のみならず，科学 (者) と組織，そして社会との関わり方を大きく変容させるものであった。

産業化科学は，科学者を官僚化させるような管理機構を作り出し (Ravetz 1973, p. 35, 翻訳書, 51 頁)，科学者の地位分化を促す (Ravetz 1973, pp. 44-45, 翻訳書, 61 頁)。それが，① 上司の管理の下で働く科学労働者，② わずかな補助金で食いつなぐ，投資団体の委託研究者，③ 投資団体との契約に基づいて大規模な研究を行う部署や機関を管理する請負人，である。この請負人を Ravetz は，「科学企業家 a scientific entrepreneur」と呼ぶ。科学企業家は，自ら研究を手掛けるよりはむしろ，政府や企業・財団等から，次々とプロジェクトを請け負ってくることに専念せざるを得ない。裏返せば科学企業家は，研究資金を引き出すために，政府や企業，投資団体が望む研究テーマを設定し提案することを，少なくとも表面上は行う必要があるということである。

そこでは，「資源の選択と集中」に関わる組織の論理や市場の論理といった科学以外の論理の科学への浸入，という事態を生じさせた。こうした資本集約的な巨大科学・技術の台頭が科学と特定の価値との交差・融合を促し，それに伴う科学 (者) の変容過程に，Weinberg は「トランス・サイエンス」的問題領域を見出した。

III.「科学の体制化」過程への経営学史の重ね描き

以下では，トランス・サイエンス生成過程を経営学の展開と重ね描くことで，その再構成を目指す。そのことで，トランス・サイエンス生成過程にお

いて経営学が果たした役割が浮き彫りになり、かつ、今後経営学が果たしうる役割の方途も見えてくると考える。

科学の体制化を決定づけたものが、V. Bush『科学——その限りないフロンティア』（1945）であった。F. D. Roosevelt 大統領に提出されたこの報告書が、戦後アメリカの、そして世界各国の科学政策に大きな影響を与えるとともに、科学研究開発計画のモデルとなった（野家 2004, 147頁）。こうした事情や筆者の能力の限界を踏まえ、紙幅の都合上、戦間期の「科学の体制化」過程と軌を一にするアメリカにおける経営学の主要学説の展開を中心に、P. F. Drucker までを射程に入れる[3]。それは Drucker が、科学の体制化過程を、「手段としての知識観」に基づいた「知識の生産性」こそが競争力の源泉となる「知識社会」にして「組織社会」として、言い換えれば、「断絶の時代」として捉えるからである。その際、既述の通り、①科学がどのように捉えられたか、②特定の組織目的実現に向けて機能化するわれわれ諸個人が協働過程でどのように位置づけられたか、に留意する。

1.「科学の体制化」過程の経営学説——G. E. Mayo, C. I. Barnard——

戦間期のアメリカには、科学の体制化を象徴するふたりの人物がいる。それが、G. E. Mayo と C. I. Barnard である。

(1) Mayo

端的に言って Mayo は、「科学企業家」であった。Mayo を中心とするハーバード・グループは、1923年から1943年の間、ロックフェラー財団から総額152万ドルの補助金を受け取っている。Mayo の給料は、彼が1947年にハーバード経営大学院を退職するまで、ここから支払われた（Gillespie 1991, pp. 242-243）。ただし Mayo は、操作的な理想状態での実験室的接近に偏重する科学に対する危惧を表明し、あくまでも具体的な全体状況を重視する臨床的接近とのバランスの必要性を強調している（Mayo 1945）。

また彼は、管理全般に関わる具体的知識（技能）の抽象的知識（科学的知識）への変換を志向する近代経営を"intelligent management"（知性偏重経営）と呼び、文明論的観点からその問題性を指摘し批判する。その詳細は他の機会（藤沼 2013, 2015）に論じたので割愛するが、その核心は、協働

システムに潜在する多様な意味の「組織の意味」への一元化と，それに伴う「組織の意味」の優越である。こうした事態が，強迫観念的に組織目的の効率的実現を目指し，「組織の有効性」の観点から，取り巻く環境を対象化し諸要素へと分解して，協働システムに潜在する多様な意味の一側面を抽象化し，当該組織にとって「価値あり」と評価した限りで事物を「経営資源」と把握し，当該組織固有の取扱い方に沿って手段化し操作する「組織の不寛容」（多様性の排除）を惹起する。"intelligent management"において経営資源としての「ヒト」（＝労働者）は，「組織目的の効率的実現」という目的合理性（知性）が強迫観念症的に前面に押し出される結果，彼らの感情（モラール）が抑圧され，自発的な協働意志も減退させられる。

(2) Barnard

Barnardは，資金提供者として当時の科学の体制化を推進する側に位置づけられる[4]。そうした立場に立つ以前から，Barnardが主著を次のように結んでいたことは，本稿との関連で意義深い（Barnard 1968, p. 296, 翻訳書，309頁）。

　　…協働の拡大と個人の発展は相互依存的な現実であり，それらの間の割合すなわちバランスが人類の福祉を向上する必要条件であると信じる。それは社会全体と個人とのいずれについても主観的であるから，この割合がどうかということを科学は語りえないと信じる。それは哲学と宗教の問題である。

ここに，後に定式化されるトランス・サイエンス問題に通じるBarnardの先見性を指摘できる。それを可能にしたものを，彼の人間観や協働観，科学観に見出すことができる。

Barnardは有機体論的システム論に立って，個人と協働システムを垂直同型的に捉えている（村田 1984）。これらは，「いま・ここ」で，物的，生物的，人的，社会的といった諸力に過去的・因果的に制約されながらも，却ってそれらを積極的要因に転化して，当該システム固有の目的を設定し，その実現を目指して諸力を未来的・目的論的に統合しつつある過程である。

こうした観点からすれば，「科学の機能は，過去の現象，出来事，情況を説明することである。科学の目的は，特定の出来事，結果，あるいは情況

を作り出すことではなくて,われわれが知識と呼ぶ説明を生み出すことである」(Barnard 1968, pp. 290-291, 翻訳書, 304頁)。むしろ未来に向かって目的論的に「具体的な目的を達成し,成果を上げ,情況を生み出すのは技芸(art)の機能であり…中略…具体的な問題とか,将来と取り組む人々はこれらの技芸を会得し,応用しなければならない」(Barnard 1968, p. 290, 翻訳書, 304頁)。

科学は,過去の現象,出来事,情況を説明するのであるが,それは常に過去から現在までの蓄積の上に立って,その上で当該主体はその統計的蓋然性を勘案しながら予期を持って未来を予測し,技芸を通じて目的の実現を目指すことになる。

科学の概念枠組みは常に作業仮説としてあり,それは現在における具体的行為を通じた験証過程を経て,常に真理化が試みられる。[5]しかし科学の,そうした真理化過程が忘却されるとき,そこには常に,「具体性置き違いの誤謬」や「過去を現在と見誤る危険性」が潜んでいる。したがって,未来に向かって目的論的に諸要因を統合していこうとする諸個人や協働システムという行為主体にとって,科学的説明は必ずしもその原動力にならないことがある。特に,これまでと事情が著しく異なる場合—いわゆる3.11が該当するだろう—には,である。

「科学によって問うことはできるが,科学によって答えることのできない」トランス・サイエンス的問題領域は,未来に向かって目的論的に諸力を統合していこうとする行為主体にとって,潜在的に常に付きまとう問題である。トランス・サイエンス問題はそれと定式化される以前から,行為主体の観点を切り離し得ない経営学には常に内包されている課題である。この課題に対する先見性は,「管理科学」を標榜し科学的精緻化を志向する,経営学の主潮流となっていく H. A. Simon にも見出せる。

2. H. A. Simon の「管理科学」
──帰結としての「組織への個人の一体化」──

論理実証主義に依拠する Simon は,科学の対象を経験的に観察可能な「事実的」要素にのみ限定し,経験的に検証できない「価値的」要素を科学の対

象から除外する。しかし，Simon が注目した「決定は，事実的命題以上のなにものかである。…中略…それは，命令的な性質を有している——一つの将来の事態を他に優先して選択し，その選択した事態を目指して行動する。簡単に言えば，決定は事実的内容とともに倫理的内容をもつ」(Simon 1976, p. 46, 翻訳書, 57 頁)。

Simon は，「価値的」要素を含んだ意思決定を科学の対象たらしめるために，目的を所与化し，その実現のための手段選択の適否を問題化することで，価値的要素を処理する (Simon 1976, p. 61, 翻訳書, 77 頁)。それは，手段選択の適否が経験的に観察可能であり，したがって検証可能なものだからである。

Simon は，価値的要素を所与化した上で，（一般的）目的の実現に向けた「目的－手段の連鎖」の階層を想定し，各階層において（中間）目的を実現させるための意思決定がより下位の意思決定の内容を規定するという意思決定の階層をも想定した。

「制約された合理性」を前提すれば，「管理人」たる諸個人の状況定義は多義性を免れない。そこで Simon は，組織影響力の発揮を通じて，「目的－手段」の階層とそれに対応する階層的意思決定の体系の中に諸個人を埋め込む。そのことが状況定義の多様性を減じ，特定目的の達成に注意・関心が焦点化される諸個人は「制約された合理性」を緩和され，組織メンバーとしての組織的意思決定の合理性を高めることも可能となる。諸個人は，組織影響力を通じて，組織への一体化を強く促される。

Mayo において批判された「組織の意味」への一元化（多様性の排除）問題が，Simon においては組織メンバーの「制約された合理性」を緩和するものとして積極的に評価される。しかもそのことで，組織メンバーは特定組織への一体化を強く促される。

3．P. F. Drucker「知識社会」論
―――「知識労働者」としての専門家の台頭―――

Drucker は，科学の体制化過程とそれ以前との間に断絶を見出し，それを多元的な組織社会にして知識社会と捉えた。そこでは「手段としての知識

観」が支配的となり，「知識の生産性」が中心的課題となる。来たりつつある社会には従来と異なる新たな問題が生じてくると，Druckerは指摘する。

　知識がますます社会の基礎となれば，知識についての多様性，弾力性，競争といったものがいっそう重要となる。このことはまた知識に関しての大きな政治的意思決定の問題が生じてこようし，知識についての政策の代替案をもつことがますます必要となってこよう。かつて，知識は資金を必要とはしなかった。ところが今日では知識に要する資金は増える一方である。実際，資金を供給できるのは政府だけである。このことからただちに生じる懸念は，政府の命令と思想統制である。(Drucker 1992, p. 364)

「大きな政治的意思決定」とは，「知識や知識の追求に関して，その優先順位や制限をどうするか，進むべき方向をいかに判断するか」(Drucker 1992, p. 365) という問題に関わる。「明らかにこの決定は『科学的な』あるいは『実際的な factual』基盤からなされるものではないだろう。それは異なる価値選択として，未来に関する高度に主観的な評価に基づいてなされるものでなければならない。それは言い換えると，科学の決定ではなく政治的決定にほかならない」(Drucker 1992, p. 367)。ここに，後に定式化されるトランス・サイエンス問題に対するDruckerの先見性を見出せる。

　Druckerの懸念は，トランス・サイエンス問題に関わる政治的意思決定に対して「政府の命令や思想統制」が大きく作用し，「自由にして機能する社会」の実現から離れていくことであった。

　「自由にして機能する社会」を希求するDruckerは，一方で「多元的社会における唯一の頼りになる自由の防衛手段は，各組織体 each institutionをその課題と使命に限定することである」(Drucker 1992, p. 250) として，政府機関を含めたすべての組織体 organization は「特定目的のための道具である。その活動が与えられた特定目的の履行に必要である場合にのみ，それらは正当なもの legitimate」(Drucker 1992, p. 251) となり，却って，その機能を遂行する限りにおいて，個々の組織体は自律性を保証される。

　他方でDruckerは，知識社会において中核的な役割を担う「知識労働者 knowledge worker」に対しても，組織との関係性に変化が生じたと言う。

それは，知識労働者の依拠する基盤は特定分野の専門知識にあり，それゆえ特定の組織に従属はしないが，逆に単独で成果を上げることも難しくなってくることに由来する。「今日の知識労働者は…"自由なプロフェッショナル"の後継者 the successor to the "free professional"」（Drucker 1992, p. 276）ではなく，いずれかの特定組織の中で細分化された機能を担うプロフェッショナルとなる。

以上からただちに，「専門家」概念をめぐり，重要な点を指摘したい。

第1に，Drucker において「専門家」とは，科学者や技術者を含むあらゆる個人が，特定分野の専門知識を基盤に据えた職能人，すなわち知識労働者となることを意味する。

第2に，知識労働者は特定組織に従属しないが，しかし専門知識が細分化されているがゆえに単独で成果を上げることが難しく，いずれかの特定組織の目的実現に向けた「責任ある選択」を通じて機能化することが求められる。そのことで却って，諸個人の自由・自律性が保証される。ここでもやはり，諸個人の特定組織への一体化が，強く促されている。

Ⅳ．トランス・サイエンスの経営学からの再構成
　　　──専門化社会の帰結──

以上，見てきたように，「経営する」という行為主体的観点を内包する経営学においては，「トランス・サイエンス」と定式化される以前から，「科学なしでは問えないが，科学だけでは答えられない」問題領域が強く意識されてきた。

ただし，こうした価値判断を含む問題をめぐって，Simon のように科学的精緻化を志向する経営学の主潮流は，価値的要素を「目的」として所与化し，むしろ目的達成に向けた効率的な手段選択に，焦点を当てた。その過程で，諸個人もまた組織メンバーとして，いずれかの特定組織において特定の細部目的達成のために機能化することを強く促された専門家（知識労働者）と位置づけられ，そのことで却って自由・自律性を保証され，再主体化可能な生活者と位置づけられることとなった。

多元的社会（組織社会），つまり専門化社会において諸組織体（政府機関も含めて）および諸個人といった行為主体は，自身を内包する全体—組織にとっての社会であり，個人にとっての特定組織—の目的実現のために積極的に機能化するよう「責任ある選択」を強く促される。そのことで却って，当該主体は自由・自律性を保証されるという。

　専門化社会とは細分化の進んだ，言い換えれば大量に創出された諸（単位）公式組織の緊密なネットワークに依拠する社会であり，諸個人の大部分の活動が，直接関わる特定（単位）公式組織やそれに必然的に付随する第2次非公式組織—この両組織をまとめて「組織」と表記する—において展開されるようになる。しかもそこでの活動が彼らの主要な関心の焦点になる。そこでの緊密な相互作用の結果，通常，そこに高度に特殊な隠語や特殊な公式用語を有する固有の文化（当該組織固有の道徳準則：組織準則）の形成・内面化が生じる（Barnard 1948）。組織への一体化を強く促された諸個人は，既得の道徳準則でもって，新鮮で潜在的な意味の多様性を孕んだ世界を特定の関心・焦点化（抽象化）によって再構成・状況定義しながら，経験を重ねていく。そこでは，抽象化された「この世界」こそが具体的な現実であるとの思い違い（具体性置き違いの誤謬）を犯し，しかも科学を基礎とする職能人であるがゆえに「過去を現在と見誤る危険性」をも抱え込みながら，他領域の専門家あるいは生活者との間での関心や焦点のズレを生じさせ，協働成立の必要条件であるコミュニケーションがすれ違う危険性が増大する。

V．むすびにかえて

　傍観者である Drucker は，科学の体制化という潮流の中に，知識社会にして多元的な組織社会，そこで生きる「組織への一体化」を強く促される知識労働者という構図を見出した。しかしそうした構図に由来する焦点化（抽象化）が，その後の科学的精緻化を志向する経営学（者）の注意・関心の焦点化（抽象化）を規定し，その為すことを規定し，この構図の強化・拡大再生産をもたらしたと言えまいか。すなわち，多様な立場の人々の間のコミュニケーションの困難さを増大させる「特定組織と一体化する専門家」やその

ネットワークに依拠した専門化社会の形成・促進に，SimonやDruckerに後続する経営学の主潮流は，理論的・実践的に荷担したと言えまいか。

本来，行為主体的視点を内在する経営学にとって，トランス・サイエンス問題とは自明のことであった。ところが科学的精緻化を志向する，その後の経営学の主潮流は，価値判断の問題を特定目的として所与化し，むしろその効率的な実現に向けて戦略的に，「いかにして知識の生産性を高めるか—組織学習，知識創造—」，そのために「いかにして知識労働者を特定組織に誘引するか—組織社会化，組織コミットメント—」といった問題群をこそ，重要課題と位置づけた。そのことが，他に先んじて実現可能なことの現実化を加速させ，現状の不可能事を可能にしようとする「科学・技術／知の暴走」の危険性を惹起し，「（特定組織との一体化を強く促された）組織人としての専門家」をますます生みだし，専門家間の，そして専門家と生活者間のコミュニケーションの困難さをもたらしたのではないか。すなわち経営学は，トランス・サイエンス的問題領域に気づきながら，科学的精緻化を志向するあまり，むしろ問題領域の拡大を促すことになったのではないか。この点，今後さらに検討を重ねる。

＊本研究はJSPS24530416およびJSPS15K03606の助成を受けたものである。
＊本稿の執筆過程で，チェアパーソンの三井泉先生および2名の査読者から，貴重なコメントをいただいた。記して感謝申し上げる。

注
1) 第3次科学（技術）革命以前に，16世紀後半から17世紀にかけての「第1次科学革命」（＝科学の知的制度化），そして19世紀の「第2次科学革命」（＝科学の制度化）がある。第1次科学革命の特徴は，「観察や実験などの経験的方法に基づいて実証された法則的知識」と定義しうる科学という知識形態の成立である。また第2次科学革命の特徴として，①「科学者scientist」という科学研究を職業とする人々が出現したこと，②大学の中に科学の研究教育を目的とする学部や学科が設置されたこと，③科学者や技術者の職業集団である学会組織が整備されたこと，が挙げられる（野家2004）。
2) トランス・サイエンス論の展開過程で，いくつかの重要な視点の変化がある。第1に，技術の社会的構成という視点である。「社会に実装される技術は決して中立的なものではなく，その社会の価値観，意思決定の仕組みの表現なのである」（小林2007, 129頁）。第2は，「科学技術の専門家ではない普通の人々は，単なる（科学）教育の対象ではなく，多様な社会生活の文脈で科学技術のあり方を評価する『主体』とみなす発想」（小林2007, 185頁；括弧内は筆者）であり，「『住民を生活者の目を持つ専門家』として信頼する」（小林2007, 209頁）という視点である。
3) 報告の際には，科学の制度化に対応するF. W. TaylorやM. P. Follettの諸説に見る「expert」

や「profession」にも言及したが，紙幅の都合で割愛せざるを得なかった。その他にも割愛せざるを得なかった論点があった。それらについては，別の機会に改めて検討したい。

4) Barnard の略歴を示せば，ロックフェラー財団（1940～1952；理事長 1948～1952），米軍奉仕協会（USO）会長（1942～1945），国連原子力委員会米国代表団顧問（1946），全国科学財団・全国科学委員会議長（1950～1956），等がある。

5) ここで「真理化」の原語は「veri-fication」である。この語を桝田啓三郎は文脈に応じて「真理化」あるいは「験証」と訳出する。その理由を桝田は，訳注の中で以下のように説明する。「veri- はラテン語の verus（真）から，-fication は facio（作る，なす）から来ており，両者の合成した『験証』を意味する veri-fication の語を語源的に解して説いているわけである」（W. ジェイムズ著／桝田啓三郎訳『プラグマティズム』岩波文庫，1957 年，223 頁）と。

参考文献

Barnard, Chester I. (1938, 1968), *The Functions of the Executive*, Harvard University Press.（山本安次郎・田杉競・飯野春樹訳『新訳 経営者の役割』ダイヤモンド社，1968 年。）

Barnard, Chester I. (1943, 1948), "On Planning for World Government," in *Organization and Management: Selected Papers*, Harvard University Press.（飯野春樹監訳／日本バーナード協会訳「世界政府の計画化について」『組織と管理』文眞堂，1990 年。）

Drucker, Peter F. (1969, 1992), *The Age of Discontinuity: Guidelines to Our Changing Society*, Transaction Publishers.（林雄二郎訳『断絶の時代──来たるべき知識社会の構想──』ダイヤモンド社，1969 年。）

Gillespie, Richard (1991), *Manufacturing Knowledge: A History of the Hawthorne Experiments*, Cambridge University Press.

Mayo, George E. (1945), *The Social Problems of an Industrial Civilization: with qn Appendix on The Political Problem*, Routledge & Kegan Paul LTD.（藤田敬三・名和統一訳『アメリカ文明と労働』有斐閣，1951 年。）

Ravetz, Jerome R. (1971, 1973), *Scientific Knowledge and Its Social Problems*, Oxford University Press.（中山茂訳『批判的科学──産業化科学の批判のために──』秀潤社，1977 年。）

Simon, Herbert A. (1945, 1976), *Administrative Behavior: A Study of Decision-Making Processes in Administrative Organization (3rd edition)*, Free Press.（松田武彦・高柳暁・二村敏子訳『経営行動──経営組織における意思決定プロセスの研究──（新版）』ダイヤモンド社，1989 年。）

Weinberg, Alvin M. (1972), "Science and Trans-Science," *Minerva*, Vol. 10, No. 2.

小笠原英司（2014），「専門家と生活者の新たな協働」『経営哲学』Vol.11, No.1。

小林傳司（2007），『トランス・サイエンスの時代──科学技術と社会をつなぐ──』NTT 出版。

W. ジェイムズ／桝田啓三郎訳（1957），『プラグマティズム』岩波文庫。

野家啓一（2004），『科学の哲学』放送大学教育振興会。

野家啓一（2014），「既視感（déjà vu）の行方」『現代思想──特集 科学者──科学技術のポリティカルエコノミー──（8月号）』（Vol. 42-12）青土社。

藤沼司（2013），「メイヨー──人間関係論の思想的基盤──」吉原正彦編著『メイヨー＝レスリスバーガー──人間関係論──（経営学史叢書Ⅲ）』文眞堂。

藤沼司（2015），『経営学と文明の転換──知識経営論の系譜とその批判的研究──』文眞堂。

村田晴夫（1984），『管理の哲学──全体と個・その方法と意味──』文眞堂。

8　新制度経済学の思想的基盤と新自由主義

高　橋　由　明

I. はじめに——新制度経済学の主張——

　本稿は，ロナルド・コースによって創始され，ウイリアムソンによって「新制度」と名づけられた「新制度経済学」が，1947年にハイエク，フリードマンを中心に設立されたモンペルラン協会の新自由主義経済思想に立脚し組織の経済学を展開したことを論証することを目的としている。また，ヴェブレン，コモンズ等の旧「制度経済学」は，新古典派経済学が企業の制度や規則を無視し企業組織について発展する視点から分析されていないという批判として展開されたこと。それに対して，「新制度」と名付けたウイリアムソンなどの新制度経済学は，従来の権限・責任理論や経営者の意思決定の問題として取り扱われた組織の問題を内部費用と外部費用との比較，ないし組織経済学として取り上げ，新古典派が分析できなかった組織分析を補完するという立場で展開されたこと。しかし，それは旧制度学派の組織を発展・進化の側面から把握されていないという批判にまともに応えるもでなかったことを明らかにする。すなわち，新制度経済学は，財産・所有権論，エイジェンシー理論，取引費用論から構成されるが，新制度経済学派の考え方の共通点は，市場参加者が最大効用を求めて行動すれば，価格メカニズムに導かれ，参加者の効用は均衡化し，社会の均衡も果たされるという新古典派経済学（実は新自由主義経済思想の根幹）の基本的見解に立脚し，組織の諸問題を取引費用の視点から分析したものに過ぎず，企業組織が社会の変化に応じて変化・発展するという視点が完全に無視されていることにある。

　新制度経済学が，コースを除き1970年代に展開され，そこで主張された内容は，1979年の英国サッチャー政権，1980年のアメリカ・レーガン政権

が展開した新自由主義経済政策の支柱である，① 公共事業の民営化の促進（外部経済の内部化，デムゼッツ），② 資本市場の自由化の促進（敵対的買収策への対抗策への批判，ジェンセン），③ 独占禁止法の緩和（ウイリアムソン）を推進させるものであったということである。その意味で，新制度経済学の基本的特徴は，市場原理が企業および社会の均衡をもたらすという新自由主義思想に立脚し，その政策の一部に関して，理論的基礎を提供したといえるのである。

　本稿では，前半部分で，旧制度学派の「制度」と新制度学派の「制度」の概念の違いを明らかにし，新制度学派の制度概念では組織・社会の歴史的発展の分析が無視されていることを明確にする。後半部分では，新自由主義の思想がハイエク，フリードマン等が組織したモンペルラン協会で明確に定義され，サッチャーとレーガンの新自由主義経済政策の具体化は，協会のメンバーが所属した研究所のスタッフにより具体化されたこと。さらに新制度学派の主張は，市場原理に基づく新自由主義の経済思想に合致したことを論証する。

　本稿の意義は，わが国における従来の新制度経済学の研究では，アメリカ経営学の学説史における新制度経済学の位置づけが明確でなく，しかも新古典派経済学に立脚した組織の経済学を展開することの意味，その思想的基盤には全くふれることがなかった姿勢に対する一定の批判が含まれている点で，この分野の研究に裨益していると信ずる。

II．新制度経済学の展開の背景

1．新制度経済学が展開されるアメリカの経済的背景

　アメリカ経済の歴史を振り返ると，1929年の未曾有の大恐慌からの回復は，第二次世界大戦の特需により金額ベースで1941年にやっと達成された（Galbraith 1954，翻訳書，28-30頁）。その後，1950年から1970年までの20年間は，ケインズの有効需要の理論に基づき失業を減らし，アメリカは世界の雄として活躍する。しかも貧富の格差が縮小し，アメリカ国民が全体として経済的繁栄を謳歌した時代であった。しかし，1975年頃からアメリ

カの工業の衰退が始まり，農業・食品産業，航空機，化学産業以外では，貿易赤字が増大し 90 年代には 1000 億ドルを超えるにいたる。

これを克服するため，1980 年アメリカでもレーガン政権が誕生し 1979 年に英国で成立したサッチャー政権と同様，ケインズ政策（財政支出）による福祉国家政策が放棄され，公共企業の民営化，減税，私的企業家のイニシアティブの奨励（サプライサイドの経済学）など新自由主義的政策が推進される。預金金利の自由化（レギュレーション Q の廃止）などにみられる金融の規制緩和，政府支出の削減（小さな政府）など新自由主義政策が推進されるのである。

2．アメリカ経営学の学説史における新制度経済学の位置づけ

1932 年にバーリーとミーンズにより「資本所有と経営の分離」が主張されて以来，ブラウン（1947）クーンツとオードンネル（1955），ニューマン（1960）等は，伝統的な経営管理原則・過程論を展開したが，これらの理論は新古典派経済学が無視した企業組織を分析し，プラグマティズムの思想に基づき経営管理技術（道具）として理論を展開した。バーナード（1938）とサイモン（1945）は，効率と能率の新しい概念と誘因と貢献に基づく近代的組織論を展開し，経営者の意思決定行動を分析した。さらに，1950 年代初期から出版されはじめたマネジリアル・エコノミックス（経営者のための経済学）では，従来の利潤極大化を企業目的とする見解が修正され経営者の行動が分析の対象とされた（Dean 1951；Baumol 1959；Marris 1964；Cyert and March 1963；March and Simon 1958）。

これらアメリカ経営学の展開は，従来の正統派（新古典派）経済学がブラックスボックスとして等閑視していた企業内組織の問題を，経営者の採用する管理原則論として展開するか，経営者や構成メンバーの行動を記述的に分析したもので，経営者の方策の実施に寄与しようとしたものである。

これに対して，新制度経済学は，伝統派（新古典派）が無視した企業組織内部の問題を，外部市場と内部市場に分け，企業内部の経営者と従業員の関係を責任・権限理論ないし誘因と貢献の関係ではなく，対等な契約関係として把握し，外部市場で行われる契約の概念を用いて説明しようとしたと特徴

付けることができる。しかも，ウイリアムソンが明言しているように，コース，アルチャン，デムゼッツにより展開された財産・所有権の経済学は，「経済組織への技術的アプローチ〔伝統的組織の権限・責任理論，近代的組織論の誘因・貢献理論—引用者〕に対抗するもの，組織の諸理論へのライバルとして」(Williamson 1996, p. 222) 展開された。この新制度経済学は，企業組織を，組織の経済学〈外部・内部費用の関係〉で説明することにより，「正統派経済学」を補完する，と考えるところに基本的特徴が示されている。

Ⅲ. 旧制度学派と新制度学派の「制度」概念と基本的姿勢の相違

1. ヴェブレンとコモンズの制度概念

旧制度学派の創始者ヴェブレンによれば，「制度」とは，「人々が，生活過程を遂行するための習慣的な方法」である (Veblen 1899, p. 193, 翻訳書, 217 頁)。だが，「人口が増加し，自然を管理する人間の知識と技能が拡大してくると」，習慣的な方式は変化すると述べている (Veblen 1899, p. 194, 翻訳書, 218 頁)。ここで確認すべきは，制度は変化・進展すること，制度は，社会的共同活動（経済活動）をする人間によって生みだされ，制度がまた人間の活動に反作用を与えることである。ヴェブレンが制度に基づく経済学を展開したのは，クラーク，マーシャルなど新古典派経済学の限界効用理論は，社会・経済の歴史的発展の分析を無視していたことを批判する意図があった。

コモンズも，旧来の経済学者が自由取引は，個人契約であると主張していたが，集団契約である一種の取引が出現したことを根拠として，それは制度的取引となったと，主張する。彼は，「『制度』を集団行動において個人行動を統御するもの」と定義する。さらに，彼は，「規則 (rules)，規制 (regulation)，会社規則 (by law) を，『集団行動の運営規則』と名づけ」る (Commons 1950, p. 29, 翻訳書, 31 頁)。さらに，コモンズによると「経済学理論は，取引と活動の役割，組織の諸問題，集団行動が事業体に組織される道程の分析を中心的問題とする」(Commons 1950, p. 21, 翻訳書, 25-26 頁)。コモンズは，「取引を経済科学の単位」(Commons 1950 p. 57,

翻訳書，67頁）と考え，その運営ルールの分析が，経済学の中心的問題と考えたのである。

ここで確認されるべきは，ヴェブレンとコモンズは，はマーシャルなどの新古典派経済学が経済・社会の発展を無視したこと，取引を制度上の規則として把握しなかったことへの批判として展開されたことである。

2．新制度学派の制度概念

(1) コースの「制度」と「取引費用」の概念

コースは，「制度」とは「企業と市場であり，これらが一緒になって経済システムの制度的構造を構成している」（Coase 1988, p. 5, 翻訳書，7頁）と理解する。市場を通じて取引を実行するための費用に比べて，少ない費用ですむときには，市場でなされていた取引を組織化するために，制度としての企業が生まれる（Coase 1988, p. 7, 翻訳書，9頁）。さらに，市場とは交換を促進するために存在する制度である。つまり「市場は，交換取引を実行する費用を減ずるために存在している」（Coase 1988, p. 7, 翻訳書，9頁）。コースは，従来の正統派経済学は，「企業と市場は存在するものと仮定され，それ自体は分析の対象」（Coase 1988, p. 5, 翻訳書，7頁）としてこなかったと批判している。論理は明快である。

(2) ウイリアムソンの制度概念

それに対して，ウイリアムソンの制度の説明は必ずしも明確でなかった。彼が制度について具体的説明したのは，1996年の著作『ガバナンスのメカニズム』においてであった。旧制度学派は，正統派（新古典派）が提案しているアプローチに敵対的（hostile）であるのに対して，ウイリアムソンの新制度学派は，「正統派経済学に対して敵対的でなく，補完的である」ことを強調する（Williamson 1996, p. 3）。ウイリアムソンは，ノースの定義をそのまま引用し，「制度は，非公式の制約（制裁，タブー，習慣，伝統，行動準則）と公式の規則（憲法，法律，財産〔所有〕権）の両者から成っている」（North 1991, p. 97）と述べる。しかし，ウイリアムソンの理解によると，このノースによる制度の定義は，「制度の環境（Institutional environment)」を意味しており，この環境は経済主体の働きかけにより変

化し発展するものではない。ウイリアムソンの中心的な関心は，経済主体の相互活動の内容を説明するガバナンスの制度（institution of governance）である（Williamson 1996, p. 5)。 彼においては，制度の環境からガバナンス制度に対して一定の制約はあっても，ガバナンスの制度からの制度の環境への反作用は存在しない。あるのは，制度の制約内での機会主義的な狡猾な自己の利益を追求する取引関係のみである。ウイリアムソンは，「制度の環境を所与一定」と考えると明言している。その意味で，ヴェブレンやコモンズのように，制度は主体の働き掛けにより変化し発展するという風には把握されていない。そうなら困るのである。ウイリアムソンにとって重要なことは，新古典派経済学を補完することである。そのために最大効用を求める経済主体の取引レベルの行動を分析対象に絞りこむことにより，コースが念頭に入れなかった数量分析での操作可能性を確保するということであった，と思われる。

つまり，ウイリアムソンのいう「新制度」とは，経済主体が最大の効用を求めて行動すれば，社会の均衡をもたらすという「正統（新古典）派経済学」の立場を堅持しながら，外部市場と内部市場での取引費用の比較が分析可能な制度でなければならなかった。彼の理解では，旧制度学派と異なり，規則である制度は変化しない。さらに「取引」の理解に関するコモンズとウイリアムソンの相違をみると，コモンズでは取引は制度としての運営規則と密接に結びついているのに，ウイリアムソンでは取引は，所与不変の制度内で，経済主体間の契約に関わる取引費用としてのみ理解されている。このように，新制度経済学は，新古典派経済学を補完する立場を堅持することにより，新自由主義経済政策の支柱である，外部経済の内部化（民営化）を推進する，また垂直・コングロマリット合併の基準を，内部化し製造するか外部から購入するかの取引費用の比較としてのみ把握し，独占禁止法の緩和を支援する理論を展開したのである。

IV. 新制度経済学と新自由主義

1. モンペルラン協会の設立と新自由主義

モンペルラン協会とは，1947年スイスのジュネーブに近いモンペルランでハイエク，レプケ，フリードマンなど米，英，仏，独など国際的に有名な経済学者，社会哲学者が中心に会合を持ち組織された協会である。その中心的議題は，「新自由主義のアジェンダ」であった。

基本的命題は，「経済的自由は，自由（競争）市場で機能する価格メカニズムによってのみ，生産手段の最良の利用と人々の欲望の最大限の充足が可能になる組織がえられる」（権上 2006, 39頁）であった。これは新古典派経済学の基本的命題であった。最初の会議への参加者にはハイエクの名前で58人の欧米の研究者・知識人に招待状が出され，全員から賛同を得たが実際に参加したのは，フリードマン，ハイエク，ポッパー，コース（新制度経済学の創始者）など39名であった。

モンペルラン協会は，米，英，仏，独など著名な経済学者，社会哲学者などを組織していたが，それは，小規模な閉鎖的な組織で，非公開で，現役の政治家やビジネスマンが招かれることはほとんどなかった。協会の役割は，直接大衆に働きかけその意識を変えることでなく，当時優勢であったケインズ主義やフェビアン主義者の主張を論破できる知的エリートを育成し，新自由主義の思想と世界観を彫琢し，それを世界の知的エリートに広めることであった（高田 2011）。モンペルラン協会には，スウェーデン国立銀行のスタッフも属していた。このスウェーデン国立銀行は，1901年に設置され本来のノーベル賞に対して1969年にメダルと資金を提供することを条件に新たに「経済学賞」の設置を提案し，協会に属するメンバーを中心に選考委員会のメンバーにもなっていた。過去に協会メンバーの12人が経済学賞を受賞しており，彼らは新自由主義を信奉するシカゴ学派の経済学者であった（Milowski and Plehwe 2009）。協会の初代会長のハイエクは，新自由主義の思想を広めるという目的を達成する方法としてシンクタンクの設立に努力した。1955年に，ロンドン経済問題研究所（IEA）が設立されたが，この研

究所は，フリードマン，ブキャナンを始めとするアメリカの保守党派経済学者と英国の経済学者などヨーロッパの保守党派経済学者との交流の機会を提供した。保守党党首に選ばれたサッチャーとハイエクを引き会わせたのも，同研究所の計らいであった。

IEA は，ケインズの財政支出による福祉国家政策に真っ向から反対し，サッチャーがサプライサイドの経済政策を立案・実行するのを援助した。

1981 年のアメリカ大統領ロナルド・レーガンの政策立案を担当したのは，フリードマンが絶大な影響力をもったヘリテージ財団（1973 年）と，ハイエクの影響力が強かったケイトー研究所（1977 年設立）であった。ヘリテージ財団のスタッフは，1980 年のレーガンの大統領選挙の際，新政権が取り組むべきほとんどあらゆる分野の問題についての政策提言を網羅した 1000 頁を超える資料『リーダシップへの付託（Mandate for Leadership）』を作成した。この文章を「ワシントン・ポスト」紙は「レーガン政権の移行チームのバイブル」と呼んだということである（高田 2011）。

レーガンの新自由主義的経済政策は，住宅ローンだけでなく商業ローン，ジャンク債を含む債券投資を認める資本市場と金融市場の規制緩和，法人税，所得税の減税と政府予算の削減，労働組合や職業団体への攻撃，マネタリズムに基づくサプライサイドの経済政策（規制緩和と減税政策を重視し民間企業の活動を活性化させ経済成長を図る）を促進することが，その主柱であった。

2．新自由主義と新制度経済学

(1) 所有権理論は民営化（外部経済の内部化）を促進する理論的基礎

デムゼッツは「財産・所有権の主要な機能は，外部性のより多くを内部化することを達成する誘因を導くこと」(Demsetz 1967, p. 350) であると考えた。

彼は，個人が所有権を主張し得るときだけ，外部性を自由に内部化することが可能となり効率性が高まると主張する (Demsetz 1967, pp. 354–356)。1970 年代のアメリカでこの主張をすることは，外部費用を内部化すること，すなわち，これまでの公共事業を民営化（内部化）すべきとする，新自由主

義的政策の理論的根拠となった。

(2) エイジェンシー理論では企業目的が株主価値最大化とされた

ジェンセン等は，1976年の論文で「この分析は，企業の定義，『所有と経営の分離』，企業の『社会的責任』，『会社の目的関数』の定義など，組織の理論，市場完全性の供給サイドの問題といった専門的かつ大衆的文献で取り扱われている種々の諸問題について，新しい光を当て」る（Jensen and Meckling 1976, pp. 305-306）。彼は，資本と経営の分離論以降，経営者の役割を重視する理論に対して，株主の所有権を強調し，株主と経営者の関係を，委託・代理関係とし，エイジェンシー・コストを展開した。それは，所有者の最大利潤ではなく，経営者は成長率を重視すると主張したマリス（1964），売上極大化を強調したボーモル（1959），成長を重視したペンローズ（1975），経営者の裁量範囲の行動を分析したウイリアムソン（1964, 1970）までの業績に対抗する理論を意識的に展開したことを意味していた。ジェンセン（2000）は，「企業目的」は「株主価値最大化」であるべきと主張する。さらに，2002年の論文では，「目的のある行動は，単一の価値の目的関数の存在を要求する」，ステークホルダー理論の要求する「多目的は無目的である」（Jensen 2002, p. 237）と批判した。

しかも，ジェンセンは，この2002年の論文の注で「ステークホルダー理論は，…現在のイギリス政府を含む政府組織によって是認されている。ラウンド・テーブル〔アメリカの経営者団体―引用者〕によってもなされており，その承認はアメリカの38州の法律により是認されている」。「このようなステークホルダー理論は，合衆国の裁判所と州議会に対して，ポイゾン・ピルの法制化と株主国家統制法（state control shareholder acts）の法制化による敵対的買収の制限を実施するよう説得する意味で重要な役割を果たした」（Jensen 2002, p. 237）と当時のアメリカの38州の政府が，資本市場での経営者の優劣を株価の高低やM&Aで決める方式への対抗策を展開したことを批判している。こうしたジェンセンの挑戦的態度に対して，「エイジェンシー理論の出現と発展は，コーポレート・ガバナンスのパラダイムの転換に理論的基礎を与えた」（Orhangazi 2008, p. 35）とか，「コーポレート・ガバナンスについてのニュー・イデオロギー」（Lazonick and O'Sullivan

2002, p. 17）と特徴付ける研究者も現われたのである。

(3) ウイリアムソンの垂直・コングロマリット統合と取引費用

ウイリアムソンは，1966年から1969年にかけて取引費用の節約の視点から，垂直的統合とコングロマリットの分析に着手した。アメリカでの垂直統合が反トラスト法に抵触しないという理由を，1970年の著作では，多数事業部制（M型）組織の視点から，さらに1975年の著作では，資産特殊性の概念を含む取引コスト論の視点を導入し，主張したことが評価され，ノーベル記念経済学賞が与えられた。

その核心的命題は，「独禁法を垂直的統合に適用する場合には，垂直的統合のための独占的部分に限定して適用すべきである」ということである。工程 I〔組立親企業―引用者〕の主要企業は反トラスト法により他の組立大企業〔組立工程 I をもつ〕を統合できないが，工程 II〔後方または前方〕をもつ小規模企業を統合する場合は，取引コストを節約する目的で行われるもので，その産業の市場占有率にそれほど影響しないことから，独禁法の対象とすべきでないとする主張である。

垂直的統合が実現されるか否かは「資産の特殊性に左右される」が，取引コストの比較により，統合か，中間組織との長期契約かを選ぶという「アイディアが公共政策に大きな影響を及ぼし」たことをスウェーデンの王立委員会は評価した。しかし，そうした評価とは別に，「現実世界では，企業の合併には様々な理由があり取引コストの節約もその一つにすぎない。だから公共政策は，合併の決断によって生じる結果を，取引コストだけでなく，合併が競争相手に及ぼす影響まで含め，すべて知っておく必要がある」（Karier 2010, p. x, 翻訳書，250-252 頁）。マイクロソフトの垂直統合がすべてを抱えこみ効率が悪くなったこと（Karier 2010, p. x, 翻訳書，251 頁），内部で製造かそれとも外部から購入するかの意思決定は曖昧なものとなる（Simon 1991, pp. 28-29），などの批判がある。

ウイリアムソンは，チャンドラーの多数事業部制組織を彼なりに解釈し，総合本社 M 型組織をとっている場合は，資源を効率的に配分できるから，コングロマリットを一括的に反トラスト法の網にかけるべきではないと主張している。しかし，ウイリアムソンの M 型組織に関する理解が，一面的

で形式論理的で，現実を考慮したものではない（高橋 2015, 236 頁）。ウイリアムソンのコングロマリット擁護論の主張では，統合の際に合併企業の経営者，主要株主相互間で話し合いがもたれたか，友好的合併であったか，敵対的合併であったか，の具体的な実証分析が欠けていることである（高橋 2015, 235-236 頁）。

V．おわりに――新制度経済学と新自由主義経済政策と関係――

　デムゼッツは「財産・所有権の主要な機能は，外部性のより多くを内部化することを達成する誘因を導くこと」であると考えた。外部費用の内部化という政策はつぎのことを意味する。公共事業は，貧困層の市民に住宅（家賃）などを安価に提供し，社会全体の格差を少なくするものであるが，その内部化とは民営化を意味する。この効率を上げるための公共事業の民営化とは，利潤極大化をめざす私的企業競争により GNP を拡大するという新自由主義の政策に理論的基礎を提供しているといえる。

　ジェンセンのエイジェンシー理論では，依頼人は ① モニタリング・コスト，代理人は ② ボンディング・コストを負担し，そして ③ 残余ロスを問題としている。この場合，ジェンセンの理論で想定される企業目的は，株主の利益の最大化であり，代理人である経営者の役割は，企業構成員の利益（ステークホルダー）の利害を調整することではない。株価収益率で測定された，株主価値最大化を企業目的であるべきと積極的に主張し，それまでの所有と経営の分離を前提とした経営者の役割を否定し，経営者は所有者である株主との委託・代理関係の下でのみ行動するという前提でエイジェンシー理論を立論し，資本市場の自由化，経済の金融化を促進する政策に寄与した。この理論は，現在の株価の高低により経営者の業績を評価するという米・英流のコーポレート・ガバナンスを普遍化し，金融緩和を積極的に推進する新自由主義経済政策に理論的基礎を提供したといえる。

　ウイリアムソンの垂直統合論は，日本の自動車，電機産業で見られた組立企業（大規模企業）と部品企業（小規模企業）との統合は，市場占拠率などにそれほどの影響をもたらさないから，経済効率を高めるということで評

価された。だが，統合か長期契約による購入かの決定は，取引コストの計算のみで可能かどうかは疑問である。サイモンからも，「ゼネラルモータズ（GM）は，長年の間自社で部品を設計・製造したが，最近になり，そのほとんどを外部と契約することになった。規模と合理的競争市場にたいする収益が不変のもとでは，多くの製造状況，内部で製造かそれとも外部から購入するかの意思決定は曖昧なものとなる。…。市場と組織の境界は国ごとに，時代ごとに大きく異なる」(Simon 1991, pp. 28-29) と批判されている。

また，この垂直統合とコングロマリット統合の規制緩和は，大銀行による小規模金融機関の吸収・合併を認める規制緩和にも影響を及ぼした。1999年の銀行法の変更により，大銀行が州を越えて小銀行や証券の金融機関の吸収合併を可能にし，2008年の世界金融危機が突発した際に「too big to fall」(倒産させるに大きすぎる，新自由主義の経済ルールからすれば倒産させるのが普通である) という事態をもたらし，政府資金が投入された。しかも，ウイリアムソンは，当時コングロマリット統合のケースが，収益株価率を基礎に，単に株価を短期的に上昇させる目的の敵対的買収が多く，50％以上が失敗したにも関わらず，独占禁止法の緩和を主張した点で，新自由主義経済政策を積極的に支持していたのである。

これまで，日本で少なからぬ研究者が新制度経済学に関する業績を発表してきた。しかし，従来の研究では，新制度経済学が，市場原理が個人の効用を最大化させ，かつ社会均衡をもたらすという新古典派の経済学に依拠し（新自由主義に立脚し），さらに所有権理論，エイジェンシー・コスト理論，取引コスト論を展開したのは，新自由主義の思想と経済政策に理論的基礎を与えるという意味をもっていた，という視点で分析した業績は皆無であった。そのため本稿にはこれら研究者に対する批判的意味を含めて一定の意義があると信ずる。

参考文献

Alchian, Armen A. and Demsetz, Harold (1972), "Production, Information Costs, and Economic Organization," *The American Economic Review*, December.

Baumol, W. (1959), *Business Behaviour, Value and Growth*, Harcourt, Brace & World. (伊達邦春・小野俊夫訳『企業行動と経済成長』ダイヤモンド，1962年。)

Coase, R. H. (1988), *The Firm the Market and the Law*, The University of Chicago Press Ltd., London.（宮沢健一・後藤晃・藤垣芳文訳『企業・市場・法』東洋経済新報社, 1992 年。）
Commons, John R. (1950), *The Economics of Collective Action*, Edited with Introduction and Supplementary Essay by Kenneth H. Parsons. この著作の初版は 1950 年である。（春日井薫・春日井敬訳『集団行動の経済学』文雅堂書店, 1958 年。）
Cyert, R. M. and March, J. G. (1963), *A Behavioral Theory of the Firm*, Prentice-Hall, Inc.（松田武彦・井上恒夫訳『企業の行動理論』ダイヤモンド, 1967 年。）
Demsetz, H. (1967), "Toward a Theory of Property Rights," *The American Economic Review*, Vol. 57. No. 2. Papers and Proceeding of the Seventy-ninth Annual Meeting of the American Economic Association (May, 1967). pp. 347-359.
Galbraith, J. K. (1954), *The Great Crash 1929*, Houghton Miffin Hacourt Publishing Company through, Tuttle-Mori Agency, Inc.（村井章子訳『大暴落 1929』日経 BP 社, 2008 年。）
Harvey, D. (2005), *A Brief History of Neo-liberalism*, XXXXX.（渡辺治監訳／森田成也・木下ちがや・大屋定晴・中村好孝訳『新自由主義』作品社, 2007 年。）
Jensen, M. C. and Meckling, W. H. (1976), "Theory of the Firm: Managerial Behavior, Agency Cost and Ownership Structure," *Journal of Financial Economics*, Vol. 3.
Jensen, M. C. (2000), *A Theory of the Firm: Governance, Residual Claims and Organization Forms*, Harvard University Press.
Jensen, M. C. (2002), "Value Maximization, Stakeholder Theory and Corporate Objective Function," *Business Ethics Quarterly*, Vol. 12, Issue 2, pp. 235-256.
Karier, Thomas (2010), *Intellectual Capital*, Cambridge University Press.（小坂恵理訳『ノーベル経済学賞の 40 年（下）』筑摩書房, 2012 年, 250-252 頁。）英語文献を参照できなかったので小坂の翻訳ページのみ示す。
Lazonick, W. and O'Sullivan, M. (2002), "Maximization Shareholder Value: A New Ideology for Corporate Governance," in Lazonick and O'Sullivan, eds., *Corporate Governance and Sustainable Prosperity*, Palgrave.
Marris, R. (1964), *The Economic Theory of "Managerial" Capitalism*, Basic Books Inc.（大川勉・森重泰・森田健吉訳『経営者資本主義の経済理論』東洋経済新報社, 1971 年。）
North, Douglass (1984), "Transaction Cost, Institution, and Economic History," *Journal of Institutional and Theoretical Economics*, 140 (March), pp. 7-17
North, Douglass (1990), *Institutions, Institutional Change and Performance*, Cambridge University Press.（竹下公視訳『制度, 制度変化, 経済成果』晃洋書房, 1994 年。）
North, Douglass (1991), "Institution," *Journal of Economic Perspectives*, Volume 5, Number 1 (Winter), pp. 97-112.
Orhangazi, Özgür (2008), *Financialization and US Economy*, Edward Elgar.
Simon, H. A. (1991), "Organizations and Markets," *The Journal of Economic Perspectives*, Vol. 5, No. 2, pp. 25-44.
Simon, H. A. (1997), *Administrative Behaviour*, The Free Press.
Veblen, Thorstein (1899), *The Theory of The Leisure Class: An Economic Study of Institution, With The Addition of A Review By William Dean Howells*, Prints of Economic Classics, August M. Keller, Bookseller, New York, 1965.（高哲男訳『有閑階級の理論―制度の進化に関する経済学的研究』ちくま学芸文庫, 1998 年。）
Veblen, Thorstein (1919), *The Place of Science in Modern Civilization*, Viking Press, New Material Copyright by Transaction Publisher, New Brunswick, New Jersey, Third Printing

2003.
Williamson, O. E. (1970), *Corporate Control and Business Behavior*, Englwood Cliffs, NJ: Prentice-Hall.（岡本康雄・高宮誠共訳『現代企業の組織革新と企業行動』丸善, 1975年。）
Williamson, O. E. (1975), *Market and Hierarchies: Analysis and Antitrust*, The Free Press, A Division of Macmillan Publishing Co., Inc.（浅沼万里・岩崎晃訳『市場と企業組織』日本評論社, 1980年。）
Williamson, O. E. (1985), *The Economic Institutions of Capitalism*, New York: Free Press.
Williamson, O. E. (1996), *The Mechanisms of Governance*, Oxford University Press, New York, Oxford.
権上康男（2006），「新自由主義の誕生」権上康男編『新自由主義と戦後資本主義』第1章, 日本経済評論社, 3-58頁。
高田太久吉（2011），「新自由主義イデオロギーと『思想の商人』——保守財界系シンクタンクの役割——」『経済』2011年12月号。
高田太久吉ホームページ, http://takuyoshi.sakura.ne.jp（2015年8月5日現在）　本稿は, ホームページの原稿に依拠している。モンペルラン協会とシンクタンクの関係ついては, 高田稿に多くを負うっている。ここに記して感謝したい。
高橋由明（2015），「『新制度経済学』学派の企業理論の基本的性格と特徴」『商学論纂』56巻5・6合併号, 185-249頁。
西川純子（2006），「ウオルター・リップマンと新自由主義」権上康男編『新自由主義と戦後資本主義』第2章, 日本経済評論社, 59-89頁。
福永文美夫（2013），「バーリー＝ミーンズ理論の系譜——制度経済学と新制度経済学の視座——」経営学史学会監修／三戸浩編著『バーリー＝ミーンズ（経営学史叢書Ⅴ）』第4章, 文眞堂, 128-157頁。

9 組織能力の形成プロセス
――現場からの環境適応――

庭 本 佳 子

I. はじめに

　本稿では，経営戦略論における環境適応的な組織能力研究で強調されてきたダイナミック・ケイパビリティ（Dynamic Capability：以下，DCという）(e.g. Teece, Pisano and Shuen 1997；Eisenhardt and Martin 2000；Teece 2007a) について学史的に検討する。その上で，「環境適応」の具体的プロセスを考察し組織能力概念の内実をより明らかにすることを目的としている。

　日本企業の組織能力に関しては，1991年のバブル崩壊以降，現場の業務執行能力と経営トップの戦略構想能力が分けられ，とりわけ後者の必要性が強調されている（藤本 2003）。さらに2000年代以降，日本企業における戦略的意思決定能力の欠如が，経営環境の不確実性の増大や事業集積の複雑化の影響を多大に受ける家電産業を中心に，製品競争力低下の背後にある根本的な問題として指摘されてきた（三品 2002；延岡 2002 など）。

　ここから，現場レベルの活動とは分離させてトップの機動的な戦略的意思決定能力を高めていくという方向性が示されうる（三品 2002）。藤本(2003) も，戦略構想能力と戦略実行能力を高めていくにあたって，現場のことは現場に任せ戦略の策定はトップで行うという明快な分け方を示唆する。確かに，M&Aや事業転換といったラディカルな組織変革では，組織内部の様々なしがらみから独立したトップ・マネジメントの戦略的意思決定が必要であろう。

　他方で，トップ・マネジメントが，実際の協働プロセスにおいて微弱なが

ら表れうる市場や技術の変化に気づかず対応に乗り遅れるということもある。現場では，日常的に数多くの意思決定が繰り返されている。その中で構築される顧客や取引先とのネットワークによって，多くのビジネスチャンスが生じうるのである。新市場の創造能力，市場へのアウトソーシングの対象となった部品・サービスについての機会に対する反応力といった，環境変化に応じて「適切な物事を実行する」ことに関連するDC（Teece 2009）は，現場からの環境適応プロセスによっても形成される。つまり，戦略の着実な実行なしに環境の微細な変化をも捉えた新たな戦略が構想されることはなく，また，戦略が絶えず更新されるからこそ時宜にかなった実行がなされるという組織能力の相互変容的な環境適応プロセスである[1]。

　本稿では，このような視点から，組織メンバーの協働を通した環境の認識・解釈によって形成される環境適応能力としての組織能力についての考察を行う。まず，環境適応的な組織能力論の系譜を概観し，DCと「環境適応」の関係を検討する。その上で，Barnard（1938）の基礎的な議論から現場の環境適応プロセスの理論的根拠を明らかにしていく。

II．組織能力論の展開

1．能力の動態性と学習メカニズムの重視

　1980年代以降，資源ベース視角（Resouce-Based View：RBV）から展開された組織能力研究において，持続的競争優位を可能にする企業の能力は何によって説明されるのかという問いが論じられてきた。RBVは，企業固有の経営資源を重視する戦略論の学派の総称で，企業内部の特殊な資源が競争優位に貢献する可能性を示したWernerfelt（1984）やRumelt（1984）等の研究に始まる。

　RBVは，1980年代後半から1990年代に広く経営戦略論に浸透したが，その過程でPorter（1980）によって示された競争要因モデルに対する自らの研究の位置づけを示しつつ，既存資源の蓄積とその活用に着目した多様なフレームワークを構築してきた（e.g. Wernerfelt 1984；Barney 1986）[2]。これを大別すれば，経済均衡モデルを前提とするRumelt（1984），Barney

(1986) 以降展開された経営資源の属性研究と，資源の活用と新しい資源の開発に着目した Wernerfelt (1984) を嚆矢とする諸研究の系譜が見られる（石川 2005 を参照）。後者の系譜は，多くが組織の内部資源の形成や蓄積に焦点を当てており，1990 年代以降，組織能力の進化に関わる学習プロセスを重視するようになっている (e.g. Praharad and Hamel 1990；Kogut and Zander 1992)。

この組織能力における学習プロセスを重視する組織能力研究の源流は，企業の成長志向の理由を余剰資源の有効活用に求めた Penrose (1959, 2009) にまで遡ることができる。Penrose (1959, 2009) 自体は，企業成長の理由に主たる関心が向けられているのではあるが，「資源そのものではなく，あくまで資源が生み出すサービス」(p. 22) への注目によって，能力の動態性及び組織プロセスの重視が導出される端緒となったと考えられる。

Penrose (1959, 2009) によれば，「生産サービスの多くは，時間の経過とともに企業のオペレーションを通じた経験の結果として知識が増加することで創出されるが，企業がそれを拡張できなければ，未利用のまま残される」(p. 48)。そして，未利用のサービスは「未利用能力」であり目に見えないが，未利用サービスは「学習」によって効率的に利用可能になるという。

資源の蓄積・活用としての組織能力概念が析出されると，知識の獲得，蓄積，統合，活用に関する学習プロセスを解明することが，企業の持続的競争優位を説明するために必要な課題となった。例えば，Praharad and Hamel (1990) は，様々な知識をもった組織メンバーが，集団的学習の中で各知識を調整し統合することによって，新しい知識が創造されコア・コンピタンスが形成されるという。また，Kogut and Zander (1992) も，組織のケイパビリティは，学習というメカニズムによって特徴づけられるとする (p. 384)。組織メンバーによって保有されている知識は，グループや組織の各メンバーの協力する制度の中で表現される。組織（活動）を通して個々のメンバーやグループの知識が共有され新しい知識が創造される。さらに，既存の知識を踏まえた上で，企業内外での学習によって新しい知識が創造されるのである。

2. 環境適応的な組織能力

Penrose (1959) が的確に示したように,組織能力は,資源を代替的に活用するために調整し配置し直す組織活動のプロセスによって現われる。その本質的な要素は,「認識」,「学習」,「調整」である (Foss 2002)。

とりわけ「認識」と「調整」については,環境適応との関係で Teece et al. (1997) が提唱した DC として強調されている。これは,学習によってケイパビリティを高めるプロセスと同じプロセスでコア・リジディティを引き起こすという学習阻害の指摘に応えるものである。ここから,既存のケイパビリティが硬直化しないようにケイパビリティ自体を再形成していくという,よりダイナミックな視点への示唆が与えられる。

DC は,通常のケイパビリティの上位概念であって,「企業が技術・市場変化といった急速な経営環境の変化にうまく反応し適応するために,内部・外部のケイパビリティの統合・構築・配置・再配置を実現していく動的な組織プロセス」である (p. 516)。さらに,DC は,企業特殊的な能力の生成や発掘という側面にとどまらず,環境変化に対処するために進取的な適応を企てていく企業の能力にも関わる (Eisenhardt and Martin 2000 ; Teece 2007a)。

具体的には,学習による企業内部の調整を通してケイパビリティが高められる(「管理的及び組織的なプロセス」)。現行ケイパビリティの中核をなすルーティンは,学習によって繰り返されるほど慣性力が高まる。そこで,ルーティンの変更・統合を図る DC が導入される。しかし,その硬直化は避けられないので,DC 自体の更新が必要になる。これが Teece (2007a) による「進化的適合度」を満たす DC である。組織学習による「業務遂行的ルーティンの変化」によっても説明できない「ケイパビリティ自体の更新」は,Teece (2007a) の DC フレームワーク (以下,DCF という) によって解決が図られることになった。

学習メカニズム,組織能力の再形成プロセスに焦点を当てた組織能力論において,組織能力概念は,競争優位の実現には企業が何を持っているかではなく,経営資源を利用して何を行いうるのかが重要であるというテーマの下で強調されてきた。とりわけ,DCF によって知識やサービスが学習と管理

的調整の組織プロセスによって獲得されること，急激な環境変化に適応するための調整・再形成プロセスをケイパビリティ自体に内在していることという組織能力の2つの側面が明らかにされたのである。

Ⅲ．DC 論における環境適応プロセス

1．組織能力の形成プロセス

組織能力の動態性は，組織能力の学習ないし協働プロセスによって裏付けられる。したがって，組織能力の内実の解明には，組織の活動プロセスを詳細に分析する必要がある。この点，DCF は，「機会，脅威の感知及び形成」，「機会の活用」，「脅威と再構成」からなる DC が企業自体の内部に精査，解釈，創造のプロセスとして埋め込まれていなければならないという（Teece 2007a）。

第一に，「機会，脅威の感知及び形成」においては，企業家や経営者が不確実性の中で新しい出来事や展開をどのように解釈し，どの技術を追求しどの市場セグメントをターゲットとするのかを理解しなければならない。探索によって得られた情報は，トップ・マネジメントによって解釈・統合された後，ミドル・マネジメントのビジネス・プロセスに更新して埋め込まれる。

第二に，「機会の活用」においては，経営者が開発と商業化の活動への投資，自社の商業化戦略を定義するためのビジネスモデルを選択・創造しなければならない。ここで問われるのは，既存の投資の意思決定ルールや資源配分プロセスの逆機能的な特徴をくつがえせるような経営者能力である。

第三に，「脅威と再構成」において，資産や組織構造を再結合・再構成するために，また企業にとって望ましくない経路依存性を避けるために重要な経営者機能は，ルーティンの再デザインを含む，資産のオーケストレーションである。

2．DCF における現場からの環境適応の視点

前項で述べたように，DCF では，機会を感知・形成する能力，機会を活用する能力，企業の有形・無形資産を向上させ，結合・保護し，必要時には

再構成することで競争力を維持する能力の3つのケイパビリティとそれぞれを形成するミクロ的基礎を組み込んだ全般的なフレームワークが示されてきた。

このミクロ的基礎に関して，DCFでは現場レベルを包括した組織全体のプロセスとしての環境適応プロセスが重視されている。例えば，機会を感知するミクロ的基礎として，現場の自律性がより大きな組織では，市場の動向や技術の発展を漏らさず察知しうるために，環境変化に気づかず対応に遅れることも少なくなるという (Teece 2007a, p. 1323)。また，顧客や取引先といった広義の組織参加者をも含めた探索活動の重要性も指摘されている。

さらにTeece (2007b) は，知識ベースの組織においては各メンバーがリーダーシップを発揮すべきであって，経営者の役割とそれ以外のメンバーの役割との区別が曖昧になりつつあるともいう。知識ベース企業間の熾烈な競争においては多様な知識のモニタリングやマネジメントが重要となるので，専門的知識を持った組織メンバーのスキルが活用され，かつ彼ら自身のリーダーシップが発揮されなければならない。そして，経営者は，組織メンバーのリーダーシップを促すメンターとなることが求められるのである。このように，とりわけ技術や市場の変化に関する情報を感知し，感知した機会を確実につかんでいく場合には，トップ・マネジメントに情報をロールアップしつつ分権化していくという意思決定の方法と現場レベルでの環境適応活動の重要性が示唆されている。

もっとも，ティース自身が認めるように，「ダイナミック・ケイパビリティのミクロ的基礎の特定化は不完全で未熟で，やや不透明なもの」である (Teece 2007a)。そのため，DCFの提示する諸概念や条件については，さらに綿密な論拠の提示と検証を積み上げていかなければいけない状況にある。次節では，環境適応的な組織能力の形成における現場レベルでの環境適応活動の位置づけについてBarnard (1938) の意思決定に関する議論を参照しながら考察を行っていく。

Ⅳ. 現場からなされる環境適応プロセス

1. 意思決定の「相対的重要性」と「総体的重要性」

「なぜ」現場とトップの相互適合的な戦略形成は起こり得るのか。この点，現場からの環境適応プロセスの理論的根拠を示したのが，Barnard (1938) の意思決定における「相対的重要性」と「総体的重要性」に関する議論である。Barnard (1938) によれば，組織の内的な再調整を通して環境適応が図られるには，まず「相対的重要性 (*relative* importance)」の観点から環境認識や戦略の構想に関わる管理者の意思決定がなされる必要がある (p. 191)。しかし，「総体的重要性 (*aggregate* importance)」の見地からすれば，主要な関心を要するのは，管理者の意思決定ではなく，戦略の実行を担う非管理的な組織参加者 (non-executive participants) の意思決定にあるという (pp. 191-192)。

組織の環境適応過程においては，必ず「行為の調整」が伴われる。その調整においては，「現場 (on the spot)」で繰り返し行われる組織的意思決定が必要である (p. 192)。それは，戦略につながる目的・手段に関して，最終的で最も具体的な選択が現場の組織行為としてなされているからである。

「管理職能 (executive functions) においては目的の規定が重要視され，他の諸職能の間では環境の識別が強調される。したがって産業組織では，作業者，事務員，試験員，実験室助手，販売員，専門技能員，技師などが，特に，全体としての組織に外的な環境の戦略的要因にたずさわっている。管理的意思決定の直接的環境は，第一義的に組織自体の内部環境にある。管理的意思決定の戦略的要因は，主として，かつ第一義的に，組織運営上の戦略的要因である。外部環境に働きかけるのは組織であって管理者ではない」(p. 210-211)

現場の組織は，実行を通して環境変化の認識と環境の識別によって組織の環境適応に貢献している。上の引用文が示す通り，管理者の意思決定（管理職能）の直接的対象は，非管理者の意思決定行為，つまり総体的観点から重要な非管理的組織メンバーの意思決定プロセスによって構成される組織の内

的環境である。このような組織活動を通して管理職能が機能する過程が，管理過程（executive process）なのである（庭本 2007）。ここから，組織を構成する非管理的諸職能を遂行する組織活動が，現場レベルにおける環境の認識と環境への働きかけを通して環境適応を果たしていることが導かれる。

Barnard（1938）は，管理職能が働くエグゼクティブ・プロセスとしての管理過程と区別して，現場からなされる組織としての環境適応過程をマネジメント・プロセスと名付けている（pp. 35-37）。エグゼクティブ・プロセス（①）もマネジメント・プロセス（②）も，日本語では「管理過程」となり，古典的管理過程学派にいうマネジメント・プロセス（③）の延長上に捉えられてきた。しかし，②と③はマネジメント・プロセスという同じ表現が用いられているものの，その意味するところは必ずしも同じではない。

2．組織能力概念の再検討

これまでの議論では，Barnard（1938）における組織の環境適応メカニズムを検討してきた。ここでは，エグゼクティブ・プロセス及びマネジメント・プロセスが環境適応メカニズムで果たしている役割を検討し，現場からなされる環境適応の視点から組織能力概念を吟味する。

Barnard（1938）は，次のようにいう。

「公式組織の不安定や短命の基本的原因は，組織外の諸力のうちにある。…略…組織の存続は，絶えず変化するなかで，複雑な性格の均衡をいかに維持するかにかかっている。これが組織に内的な諸過程の再調整を要請する。私達は調整がなされねばならなくなる外的条件の性格にも触れるが，主たる関心は調整が達成される過程である」（p. 6）

これは，組織の内的調整力に主たる関心を示すものであると同時に，その調整力が変化する経営環境への適応のために要請されることに言及するものである。組織の存続は環境適応にかかっており，これを実現するものが組織活動の再調整であるということが確認される。組織活動の再調整が行われるのはエグゼクティブ・プロセスにおいてである。したがって，エグゼクティブ・プロセスが組織の環境適応に関わるのは組織活動の再調整に限定される。

これに対して，直接的な環境適応プロセスと規定されるべきマネジメント・プロセスについては，次のように説明される。

「環境の諸条件——たとえば天候——は，協働行為に関する環境の制約を絶えず変え続ける。‥略‥協働システムの適応は，さまざまな組織活動を均衡させる適応である。…略…環境における新しい制約を克服するように協働が適応し得ないと協働は失敗するからである。このような適応過程がマネジメント・プロセスとなり，そしてその専門機関が管理者と管理組織なのである」(p. 35)

「変化する諸条件や新しい目的に対する協働システムの適応が専門的なマネジメント・プロセスを意味し，複雑な協働においては，専門的な管理者ないし管理組織を伴うのである」(p. 37)

前者の記述は，管理者ないし管理組織が，管理的意思決定によって環境適応に不可欠な全体組織の内的調整・再調整を図るプロセスである。他方，後者はその具体的な環境適応プロセスである。そこでは，管理的意思決定の対象である現場レベルのメンバーの組織行為が，組織にとって外的な環境を認識・識別し，戦略的すなわち環境適応的要因も決定する。戦略の実行を通して現場が捉えた環境の感触は，コミュニケーションシステムを介して管理職能の組織の再調整に至る契機となる。[4] 組織の再調整が効果的であるためには，反復的な組織行為がなされる現場に回帰せねばならない。ここに，現場の自律的活動と企業組織全体の活動を架橋する組織能力概念が示唆される。

このような組織能力概念は，DCFのいう環境適応能力のミクロ的基礎の一端として，現場における日常業務の実行プロセスの中から生じる環境適応的行動を重視するものである。現場でなされる協働は，戦略の実行プロセスだけではなく現場からなされる環境適応プロセスをも意味している。その際，外的環境に接し現場で認識された微細な環境の変化を認識し働きかけるというプロセスは，現場のあらゆるメンバーの責任ある主体的な活動を前提としていることを忘れてはならない。

V. おわりに

　本稿では，環境適応的な組織能力論を学説史的に検討した上で，DCFの環境適応プロセスについてBarnard (1938) の「相対的重要性」，「総体的重要性」に関する議論を参照した考察を行ってきた。「総体的重要性」は，現場のあらゆるメンバーがそれぞれ環境認識の責任を負うことを意味しており，現場からの環境適応プロセスの重要性を示唆するものである。

　DCFでは，「機会の感知」，「活用」，「再構成」という3つのケイパビリティとそのミクロ的基礎を組み込んだ組織全体としての組織能力形成の枠組みが示されてきた。現場でなされる意思決定の「総体的重要性」を踏まえれば，環境適応的な組織能力概念においては，現場レベルでのケイパビリティと，トップ層が担うとされるDCとを完全に異なった性質をもつとして分離させてしまうのではなく，理論的及び実証的検討を踏まえ両者を取り込むフレームワークが構築される必要がある。今後は，組織の部分から全体の環境適応を可能にする「組織の再調整」の内実を，組織活動における様々な相互作用プロセスの理論的・実証的分析から明らかにしていく必要がある。

注
1) 企業組織全体のダイナミックな環境適応プロセスが現場とトップの相互適合的な戦略形成によってなされることは，新規プロジェクトが全社的な戦略のコンテクストに組み込まれる組織プロセスを分析したBurgelman (1983) によっても示されている。また，伊丹 (1980) やNonaka (1988) 等は，日本企業の戦略の実行と構想との相互適合的な戦略形成プロセスを理論的・実証的に明らかにしている。
2) 例えば，新古典派経済学に批判的なPenrose (1959) やNelson and Winter (1982) 等の影響を受けているものが多く，企業の競争優位の源泉としてルーティンとしての側面を重視するもの (e.g. Collis and Montgomery 1998)，進化論的枠組みに依拠するもの (e.g. Langlois and Robertson 1995 ; Teece et al. 1997 ; Teece 2007a) 等が挙げられる。
3) ある時点で企業が確立させているケイパビリティは，管理ルーティンや標準的手続き等の経路依存性を有している。とりわけ，新しいビジョンが従前の組織価値と対立するようなものである場合，投資の意思決定プロセスが既存の予算編成のテクニックに依拠している，階層的組織構造においては各種委員会を通した妥協の意思決定がなされる，といった反イノベーションのバイアスがかかってしまうのである (Teece 2007a)。
4) もちろん，現場で獲得された知識それ自体が直接組織全体に波及することはないが，メンバーが対外的なネットワークを持っている場合や，リーダーシップ次第では，企業組織全体の

環境認識枠組，戦略形成基盤を大きく変えることがある。とりわけリーダーシップは，実際にはミドルによる上位層への働きかけであることが多い。ここから，環境適応的な組織能力の形成には，現場の協働を促進させつつ現場が蓄積した知識に戦略的な意味づけを与え，さらにそれを対外的に発信させていく人的資源の重要性が示唆される。

参考文献

Barnard, C. I. (1938), *The Functions of the Executive*, Harvard University Press.（山本安次郎・田杉競・飯野春樹訳『新訳 経営者の役割』ダイヤモンド社，1968年。）

Barney, J. B. (1986), "Strategic factor market: expectation, luck, and business strategy," *Management Science*, Vol. 32, No. 10, October, pp. 1231-1241.

Burgelman, R. A. (1983), "A model of interaction of strategy behavior, corporate context, and concept of strategy," *Academy of Management Review*, Vol. 8, No. 1, pp. 61-70.

Collis, D. J. and Montgomery, C. A. (1998), *Corporate Strategy: A Resource-Based Approach*, Irwin: McGraw-Hill.（根来龍之・蛭田啓・久保亮一訳『資源ベースの経営戦略論』東洋経済新報社，2004年。）

Eisenhardt, K. and Martin, J. (2000), "Dynamic capabilities: What are they?," *Strategic Management Journal*, October-November Special Issue 21, pp. 1105-1121.

Foss, N. J. (2002), "Edith penrose, economics and strategic management," in Pitelis, C. (ed.), *The Growth of the Firm: The Legacy of Edith Penrose*, London, Oxford University Press, pp. 155-158.

Kogut, B. and Zander, U. (1992), "Knowledge of firm, combinative capabilities, and the replication of technology," *Organization Science*, Vol. 3, pp. 383-397.

Langlois, R. N. and Robertson, P. L. (1995), *Firm Markets and Economics Change: A Dynamic Theory of Business Institutions*, London and New York: Routledge.（谷口和弘訳『企業制度の理論——ケイパビリティ・取引費用・組織境界——』NTT出版，2004年。）

Nelson, R. R. and Winter, S. G. (1982), *An Evolutionary Theory of Economic Change*, Cambridge Massachusetts: Belknap Harvard.（後藤晃・角南篤・田中辰夫訳『経済変動の進化理論』慶應義塾大学出版会，2007年。）

Nonaka, I. (1988), "Toward middle-up-down management: Accelerating information creation," *MIT Sloan Management Review*, Vol. 29, No. 3, pp. 9-18.

Penrose, E. (1959, 1980, 1995, 2009), *The Theory of the Growth of the Firm*, Oxford: Oxford University Press.（日髙千景訳『企業成長の理論』ダイヤモンド社，2010年。）

Porter, M. E. (1980), *Competitive Strategy*, New York: Free Press.（土岐坤・中辻萬治・服部照夫訳『競争の戦略』ダイヤモンド社，2003年。）

Praharad, C. K. and Hamel, G. (1990), "The core competence of the corporation," *Harvard Business Review*, Vol. 68, May-June, pp. 79-91.

Rumelt, R. P. (1984), "Toward a strategic theory of the firm," in Lanmb, R. B. (ed.), *Competitive Strategic Management*, Englewood Cliffs, N.J., Prentice-Hall, pp. 556-570.

Teece, D. J., Pisano, G. and Shuen, A. (1997), "Dynamic capabilities and strategic management," *Strategic Management Journal*, Vol. 18, No. 7, pp. 509-533.

Teece, D. J. (2007a), "Explicating dynamic capabilities: The nature and microfoundations of (sustainable), enterprise performance," *Strategic Management Journal*, Vol. 28, No. 13, pp. 1319-1350.

Teece, D. J. (2007b), "The role of managers, entrepreneurs and the literati in enterprise performance and economic growth," *International Journal of Technological Learning, Innovation and Development*, Vol. 1, No. 1, pp. 3-27.

Teece, D. J. (2009), *Dynamic Capabilities and Strategic Management: Organazing for Innovation and Growth*, London: Oxford University Press.（谷口和弘・蜂巣旭・川西章弘・ステラ・S・チェン訳『DC 戦略——イノベーションを創発し，成長を加速させる力——』ダイヤモンド社，2013年。）

Wernerfelt, B. (1984), "A resource-based view of the firm," *Strategic Management Journal*, Vol. 5, No. 2, pp. 171-180.

石川伊吹（2005）「RBV の誕生・系譜・展望——戦略マネジメント研究の所説を中心として——」『立命館経営学』第 43 巻第 6 号，123-140 頁。

伊丹敬之（1980）『経営戦略の論理——見えざる資産のダイナミズム——』日本経済新聞社。

庭本佳和（2007）「組織と環境適応——executive process と management process 再考——」『甲南会計研究』No. 1，31-42 頁。

延岡健太郎（2002）「日本企業の戦略的意思決定能力と競争力——トップ・マネジメント改革の陥穽」『一橋ビジネスレビュー』第 50 巻第 1 号，24-38 頁。

藤本隆宏（2003）『能力構築競争』中央公論新社。

三品和弘（2002）「日本型企業モデルにおける戦略不全の図」『組織科学』第 35 巻第 4 号，8-19 頁。

10 組織不祥事研究の
ポリティカル・リサーチャビリティ
——社会問題の追認から生成に向けて——

中 原 　 翔

I．はじめに

　近年，組織不祥事が頻発している。オリンパスの巨額損失隠し，大王製紙の粉飾決算，東芝の不正会計など，大企業の不祥事事例は枚挙に暇がない。同時に，組織不祥事に関する報道件数も，2000年代以降で増加傾向にある（村上 2011）。皮肉なことに，われわれは，組織不祥事の深刻化を訴える報道にさえ，違和感を抱かなくなっている。

　この状況から，組織不祥事の発生原因を特定することが喫緊の課題となっている。発生原因が組織内部にある以上，例えば外部者から構成される調査委員会が，組織内部を調査することが重要な課題となっている（社団法人日本監査役協会 2009）。既存の組織不祥事研究でも，状況は同じである。外部者たる研究者が，公式的な調査アクセス（以下，フォーマル・アクセス）を通じて組織内部を調査することが急務となっている（樋口 2012）。だが，組織不祥事研究は，組織内部に原因帰属する故の限界を抱えてしまう。フォーマル・アクセスの失敗である（e.g., 福原・蔡 2011）。

　本稿の目的は，組織不祥事研究の理論的検討と構築主義の方法論的検討を通じて，組織不祥事研究の調査可能性を検討することにある。本稿では，組織不祥事を「様々な利害をもつ人々のクレイム申し立て活動を通じて問題化されたもの」と再定義し，当事者の活動としての組織不祥事に着目しながら，対話を通じた政治性を前提とする調査可能性を検討する。以下ではまず，既存研究の限界として，実証主義を前提とした調査困難性を示す，

フォーマル・アクセスの失敗に言及する（第Ⅱ節）。そして，構築主義の方法論的検討を通じて，当事者の活動に対する研究者の関わり方を検討する（第Ⅲ節）。最後に，本稿で再定義した組織不祥事に関連する萌芽的研究を取り上げながら，組織不祥事研究の調査可能性を検討する（第Ⅳ節）。

Ⅱ．実証主義を前提とした調査困難性

　本節では，既存研究の理論的展開を辿りつつ，実証主義を前提とした調査困難性を示す，フォーマル・アクセスの失敗に言及する。既存研究にて組織不祥事とは，「公共の利害に反し，（顧客，株主，地域住民などを中心とした）社会や自然環境に重大な不利益をもたらす企業や病院，警察，官庁などにおける組織的事象・現象のこと」（間嶋 2007, 2頁）と定義される。この組織不祥事は，以下の視座から組織内部に原因帰属されてきた。

　第一に，組織不祥事の発生原因を組織文化に求める視座である。小杉（2013）は，組織不祥事の発生が組織文化に帰属されるとして，組織不祥事を根絶する組織文化の重要性を指摘する。例えば，従業員は，自らが発する言動の社会的影響を十分に掌握出来ていないのだという。そのため，言動の是非を判断するための研修や学習を促す組織文化が重要となる（79頁）。同様に，組織文化の重要性を指摘する間嶋（2007）は，横浜市立大学医学部附属病院患者取り違い事故が安全軽視の組織文化により引き起こされたとして，事故防止に向けた組織文化の重要性に言及する（130-133頁）。

　第二に，組織不祥事の発生原因を個人の行動に求める視座である。樋口（2012）は，2002年10月に発生した三菱重工客船火災事故を対象として，建造中の客船で大規模な火災が発生し，船体床面積の約4割が焼損した事例を分析する。この事例分析を通じて樋口（2012）は，客船建造期間が当初の計画より2ヶ月も早められており，期日に間に合せようとした作業員の船体建造現場での火気作業が，当該事故の発生原因だと判断する（39頁）。樋口（2015）でも，2013年12月に発覚したアクリフーズ農薬混入事件で，当時群馬工場に勤務する契約社員が冷凍食品に農薬を混入したとして，契約社員個人の行動を組織不祥事の発生原因とする（159頁）。以上の既存研究は，

組織内部の原因を特定する点で実践的含意をもつ。

しかし，組織内部に原因帰属する以上，既存研究にも限界が指摘されている。フォーマル・アクセスの失敗である。福原・蔡（2011）は，不祥事組織にパイロット調査を試みた際に，「稟議の段階で断られてしまう」と吐露する（112頁）。樋口（2012）に至っては，経験的調査それ自体が困難だとして，フォーマル・アクセスを忌避すべきだと結論付けている（14頁）。つまり，既存研究は，実証主義を前提とした調査困難性として，フォーマル・アクセスの失敗を位置づけている。

だが，フォーマル・アクセスの失敗それ自体も，研究者の分析対象になりうる。なぜなら，フォーマル・アクセスに失敗する場合にも，それ以前に行われている，研究者と当事者の対話を分析対象にできるからだ。例えば，倫理違反の調査として36社へのフォーマル・アクセスに失敗したJackall（2010）は，そこで行った管理者との対話を分析した。ジャッカルは，ジャッカルを「詮索好きの逸脱者（nosy outsider）」（Jackall 2010, p. 14）と嘲笑する管理者が，社内の稟議過程で権力的にフォーマル・アクセスを忌避したことを批判する。このような分析を内部開陳の契機に接続させたジャッカルは，やがてフォーマル・アクセスに成功することになる。ここで重要なことは，フォーマル・アクセスの成否に関わらず，そこで行われる対話を分析しようとする姿勢である。それが，研究者自身が権力的に働きかける管理者を批判するといった政治性を前提とする調査になれば，研究者自身も自らを含んだ対話を分析する必要がある。このことから，フォーマル・アクセスの成否とは別の，研究者の関わり方が必要となる。

III．OG論争再訪──社会問題の「追認」から「生成」へ向けて──

本節では，所謂OG論争と呼ばれた構築主義の方法論論争を再検討し，当事者の活動たる社会問題への研究者の関わり方を検討する。構築主義がいち早く参照された社会問題研究では，「なんらかの想定された状態について苦情を述べ，クレイムを申し立てる個人やグループの活動」（Spector and Kitsuse 1977, 翻訳書, 119頁）と，社会問題が定義されていた。本稿では，

これを受け，組織不祥事を「様々な利害をもつ人々のクレイム申し立て活動を通じて問題化されたもの」と再定義する。だが，社会問題研究が今なお方法論論争に拘泥する以上，組織不祥事研究でも論争を再検討する必要がある。その際，本稿では，その論争の方途を「言語の公共性」に見出し，研究者が社会問題を生成する調査可能性を検討してみたい。

もともと，Spector and Kitsuse (1977) による定義の新奇性は，研究者が社会問題を「状態」として定義するのではなく，当事者の「活動」として分析した点にあった。例えば，「児童虐待」を当事者の活動として分析したPfhol (1977) は，その当時の医療コミュニティで「周辺的な専門職 (marginal speciality)」(Pfhol 1977, p. 317) と虐げられていた小児放射線科技師が，自らの地位向上に向けて「児童虐待」を利用していたことに言及する。小児放射線科技師は，自らの処遇と児童虐待を結び付けることが，結果的に地位向上のチャンスであることを「発見」したのである。

しかし，Woolgar and Pawluch (1985) が批判したのは，フォールが当事者視点で社会問題を分析しても，何が社会問題かについて状態を巡る想定を滑り込ませたことだった。つまり，当事者の活動を分析する際，研究者の解釈が入り込む。この批判は，「オントロジカル・ゲリマンダリング (ontological gerrymandering：OG)」(Woolgar and Pawluch 1985) と呼ばれ，解釈を巡る「認識論上の問題」(山本 2007) につながった。

ここで気になるのは，研究者がどのように認識論上の問題に取り組んだかである。結論を先取りすれば，この問題には，立場の異なる2つのスタンスが台頭した。研究者の解釈に対して「折り返すスタンス」を取るのか，「折り返さないスタンス」を取るのかである (中河 2004；山本 2007)。前者は，方法論的リフレキシビティを論じる立場でもあり，研究者の解釈を再帰的に検討しようとする立場である (e.g., Pollner 1993；Woolgar 1988)。研究者自らが解釈を再帰的に検討することで，入り込んでしまう解釈の問題を少しでも軽減しようとする。だが，再帰的検討には問題も生じる。研究者の解釈を分析対象として検討する場合，そのメタな次元での研究者の解釈を必要とする「無限背進」(田中 2003, 104頁) に陥ってしまうのである。

後者は，研究者の分析実践と当事者の活動実践が「同じ地平」(中河

2004）で接続されると前提する。研究者の解釈が問題となるのも，分析実践と活動実践を切り分けるからであり，研究者も当事者も同じ地平で言語ゲームを営む主体である。このように主張した折り返さないスタンスは，OG 批判を回避しながら，同時にスペクターらが示した「エンピリカル・リサーチャビリティ」（中河 2004）を取り戻そうとした。

だが，「同じ地平」という考え方には，折り返さないスタンスが論じる以上の含意もある。同じ地平に言語をもつ場合，解釈を折り返すか否か以前に，当事者のみならず研究者を含む調査可能性を切り拓けるからだ（松嶋 2015）。この「言語の公共性」（野家 1990）を踏まえれば，研究者が社会問題を追認する調査可能性ではなく，むしろ社会問題それ自体を生成する調査可能性が拓かれる。研究者自身が社会問題を生み出すのである。

ここに OG 論争を超えた，第三のスタンスと調査可能性を切り拓くことができる。社会問題に対する研究者の関わり方を検討する草柳（2004）や堀（2014）は，これまで描写された当事者が自らのクレイムを正当化できる「強い主体」だったと警告する。「強い主体」は，幾多の困難に屈せず主張を貫く者としてヒロイックに描かれる。「だが，こうした主体は所与のものとして存在しているわけではない」（堀 2014, 3 頁）。当事者の活動に研究者が関わる意義は，何を問題化と見なすかの政治的判断を伴いながら，「構築過程のメンバー」（堀 2014, 4 頁）として対話し，活動することに他ならない。研究者も社会問題の生成に政治的に関わる，ポリティカル・リサーチャビリティである（e.g., 草柳 2004；堀 2014）。

研究者が社会問題の生成に関わる意義がより鮮明になるのは，研究者が加わらなければ当事者の活動が「周縁化」（草柳 2004）されてしまうような場合である。一例を確認したい。医学書に未記載の症状を訴える患者がいることを知り合いの病院職員から知り得た Scott（1990）は，患者が共通して強い恐怖やショック体験を吐露することを知る。だが，これらの症状が医学書に未記載である以上，適切な診断を下す医師はおらず，患者は周囲から変わり者として不遇な扱いを受けていた。これを不憫に感じた病院職員は，同じ病院に勤務する医師と会合し，公式的な医学的診断を求めた。だが，病院職員は，医師の無慈悲な扱いにより要求を棄却されてしまう。病院職員の

要求を取るに足らないとした医師は,「笑いとともに会議室の外へ」(Scott 1990, 翻訳書, 202頁) 病院職員を追い出したのである。

このような状況を聞きつけたスコットは, 病院職員の活動を（社会）問題化と見なして, 別様の手立てにより医学的診断を下せるよう働きかけた。具体的には, DSM-IIIと呼ばれる精神障害の医学書を編纂していた米国精神医学会で病院職員と患者たる退役軍人に事態の重大さを報告させ, 主要メディアを巻き込みながら, 自らも医学的診断の正当性を主張した。それにより, 未記載だった症状は,「心的外傷後ストレス障害 (post-traumatic stress disorder：PTSD)」という医学的診断を受けられたのである。

ここまで, 一例を確認しながら, 当事者の活動たる社会問題に研究者が関わる意義を確認してきた。かつてOG論争の火種となったフォールとの違いで言えば, スコットは単に「強い主体」の活動を追認するのではなく, 積極的に社会問題の生成に関与していた。このスタンスから考えると, 当事者の活動として再定義された組織不祥事への関わり方も, 当然ながら異なってくる。調査がインフォーマルであっても（知り合いの病院職員への接触）, フォーマルであっても（学会活動）, どのような問題化に関与しているのかが問われなければならない。次節では, 再定義した組織不祥事に関連する萌芽的研究を取り上げ, 調査可能性を具体的に検討する。

IV. 対話を通じた政治性を前提とする調査可能性

1. フォーマル・アクセスに失敗した研究者の関わり方

フォーマル・アクセスに失敗した場合, インフォーマル調査を通じて, 当事者の活動に加担することが可能になる。この場合, 研究者は, 当事者の活動を問題化と見なしながら, その活動に加わることになる。ここでは,「環境破壊」の問題化に言及したBruijin and Whiteman (2010) を参照する。舞台となったペルーのウルバンバ渓谷では, 2004年に天然ガス巨大採掘施設CGPが稼働した。CGPへのフォーマル・アクセスに失敗したブルージンらは, 森林伐採に抗議する地域住民が, CGP建設に反対する組織COMMARUを構成していたことを知る。COMMARUの抗議活動を目の当

たりにしたブルージンらは，それを「環境破壊」の問題化と見なした上で，自らも抗議活動に関わることになる。

そもそも，なぜCOMMARUは抗議活動を実施する必要があったのか。COMMARU構成員への聞き取り調査を行っていたブルージンらは，CGP建設を主導していたのがペルー政府であったことを知る。地域住民の合意なしに森林伐採を実施していたペルー政府は，東京ドーム約40,000個に及ぶ森林伐採を断行していた。COMMARUは，無慈悲なペルー政府に対して抵抗すべく，抗議活動を実施したのである。

だが，この抗議活動は，ペルー政府にとって厄介な活動に他ならなかった。そこで，ペルー政府は，過激化する抗議活動を中止させることを目論んだ。具体的には，抗議活動を展開するCOMMARU構成員に対して，今すぐ抗議活動を中止しなければ，「テロリストとして逮捕する（arrested as terrorists）」(Bruijin and Whiteman 2010, p. 483) と警告したのである。それにより，抗議活動も一時的に休止せざるを得なくなった。皮肉にも，この一時的休止がCOMMARU内部の意見対立を生むことになったのである。

これらの状況を目の当たりにしたブルージンらは，抗議活動を「環境破壊」の問題化と見なした上で，自らも抗議活動に加わることにした。ただし，ブルージンらは直接的に抗議活動に参加したのではない。抗議活動を通じて意見対立を生じさせていた構成員を仲裁する役割を担ったのである。これを「アイデンティティ・ワーク（identity work）」(Bruijin and Whiteman 2010, p. 487) と呼ぶブルージンらは，構成員が敵を内側（他の構成員）に作るのではなく外側（政府）に作るために，「我々対政府（us versus them）」(Bruijin and Whiteman 2010, p. 487) という言語的表象を掲揚した。そして，地域住民を巻き込みながら，「ローカルな共同体に根付く主たる地域住民の考えを一つの怒りや不満（the perception of the majority Machiguenga at the local communities was one of anger and frustration）」(Bruijin and Whiteman 2010, p. 487) にまとめた。こうして，ブルージンら，抗議活動の結束力を生み出していったのである。

ここまで，ブルージンらの調査を取り上げてきた。フォーマル・アクセスに失敗した場合も，インフォーマル調査を通じて，当事者の活動に加担する

ことが可能になる。その際，研究者に求められるのは，何らかの活動を問題化と見なしながら，その政治的判断を通じて自らもまた活動に積極的に加わっていくことである。それは，フォーマル・アクセスに失敗したからこそ接続される当事者との出会いとも言うべきである。それが単なるフォーマル・アクセスの失敗でないことには付言しておく必要があろう。

2．フォーマル・アクセスに成功した研究者の関わり方

　フォーマル・アクセスに成功した場合には，フォーマル調査を通じて，当事者の活動に加担することが可能になる。この場合にも，研究者は，当事者の活動を問題化と見なしながら，その活動に加わることになる。ここでは，「女性差別」の問題化に言及したWestmarland（2000）を参照する。警察組織へのフォーマル・アクセスに成功したウェストマーランドは，警察組織で男性警官が支配的だったために女性警官が職務選択に不自由さを主張していることを知った。ウェストマーランドは，このことを「女性差別」の問題化と見なし，女性警官の地位向上に向けた活動に関わる。

　そもそも，なぜ女性警官は上記の主張をする必要があったのか。その手がかりとなったのが，警察組織で半ば自明視されていた「男性中心の警察文化（a largely 'male' police culture）」（Westmarland 2000, p. 27）である。この警察文化の下では，男性警官にだけ職務選択の自由裁量権が与えられている。例えば，男性警官は，危険の伴う職務を選択することで「（被害者にとっての）英雄になろう（to be 'heroes'）」（Westmarland 2000, p. 33）としていた。だが，未成年の性行為，強姦，わいせつな行為の申し立て等に関わる職務は，男性警官に不人気な職務として女性警官に押し付けられていた。警察文化の撤廃に向けて，女性警官は活動したのだ。

　だが，男性警官からすれば，女性警官の活動は厄介なものに他ならなかった。もっとも，男性警官が危険を伴う職務を担当していたのは，何も英雄になりたいからという素朴な動機からではなかったからである。剛健な体つきをした男性警官でなければ困難な職務がある。そのように考えた男性警官は，数ある警察職務に男性らしい職務（masculinity）と女性らしい職務（femininity）があることを主張し，職務選択を正当化したのである。

両者の主張にズレがあることを知ったウェストマーランドは,「強い主体」を演じる男性警官ではなく,女性警官を擁護する立場に立ち,彼女らの活動を「女性差別」の問題化と見なした。その上で,女性警官の地位向上に向けた活動に加わることにした。具体的には,それまで男性警官だけが担当可能だった危険な職務を,女性警官が選択できるようにした。危険な職務を担当する男性警官しか着用出来なかった防弾ジャケット (flak jacket) は,女性警官も身につけられるようになり,それを着て街中の警備に当たることも可能になった。論文名にある「防弾ジャケットの着用 (taking the flak)」とは,それを象徴するタイトルになっている。

ここまで,ウェストマーランドの調査を取り上げてきた。フォーマル・アクセスに成功した場合でも,フォーマル調査を通じて,当事者の活動に加担することが求められている。その際,研究者に求められるのは,インフォーマル調査と同様に何らかの活動を問題化と見なしながら,政治的判断を通じて自らもまた活動に積極的に加わっていくことである。それが,フォーマル・アクセスの成功を契機とした,安易な追認でなかったことは付言しておく必要があろう。

V. おわりに

本稿の目的は,組織不祥事研究の理論的検討と構築主義の方法論的検討を通じて,組織不祥事研究の調査可能性を検討することであった。この目的に対して,理論的検討ではフォーマル・アクセスの失敗が既存研究の限界として位置づけられていることに言及した。そもそも,フォーマル・アクセスの失敗が限界として位置づけられるのは,それが経験的データを収集出来ないからという,実証主義的前提をもつためだった。

このことから,方法論的検討では,フォーマル・アクセスの成否とは別の関わり方を探求すべく,OG論争を再訪し,当事者の活動としての社会問題に研究者がいかに関わるかを検討した。研究者には,当事者の活動を経験的データとともに「追認」する関わり方ではなく,当事者の活動を社会問題として「生成」する関わり方が求められた。解釈が入り込むか否かなのではな

く，社会問題をいかに生成しうるか，である。

こうした検討から，本稿では，当事者の活動としての組織不祥事の生成に研究者自身が関わった萌芽的研究を参照しながら，フォーマル・アクセスの成否を超えた，研究者の関わり方を論じてきた。この場合，両調査に共通していたように，研究者自身が当事者の活動に加わることで組織不祥事は作り出される。ただし，そうだとしても，「組織不祥事は根絶されるべきだ」という主張が聞こえてきそうである。だが，当事者の活動としての組織不祥事が根絶されるのなら，その主張もまた問題化だとは見なさない政治的判断として検討される必要がある。今後の課題である。

参考文献
Bruijin, E. and Whiteman, G. (2010), "That which doesn't break us: Identity work by local indigenous 'stakeholders'," *Journal of Business Ethics*, Vol. 96, No. 3, pp. 479-495.
Jackall, R. (2010), *Moral Mazes: The World of Corporate Managers (Twentieth Anniversary Edition)*, Oxford University Press.
Pfhol, S. J. (1977), "The 'discovery' of child abuse," *Social Problems*, Vol. 24, No. 3, pp. 310-323.
Pollner, M. (1993), "The reflexivity of constructionism and the construction of reflexivity," in Holstein, J. A. and Miller, G. eds., *Reconsidering Social Constructionism: Debates in Social Problems Theory*, Transaction Publishers, pp. 199-212.
Scott, W. J. (1990), "PTSD in DSM-III: A case in politics of diagnosis and disease," *Social Problems*, Vol. 37, No. 2, pp. 294-309.（馬込武志訳「DSM-III における心的外傷後ストレス障害（PTSD）——診断と疾病の政治学における事例——」平英美・中河伸俊編『構築主義の社会学——論争と議論のエスノグラフィー——』世界思想社，2000 年，193-232 頁。）
Spector, M. and Kitsuse, J. I. (1977), *Constructing Social Problems*, Cummings.（村上直之・中河伸俊・鮎川潤・森俊太訳『社会問題の構築——ラベリング理論を超えて——』マルジュ社，1990年。）
Westmarland, J. (2000), "Taking the flak: Operational policing, fear and violence," in Lee-Treweek, G. and Linkogle, S. eds., *Danger in the Field: Risk and ethics in social research*, Routledge.
Woolgar, S. (1988), *Knowledge and Reflexivity: New Frontiers in the Sociology of Knowledge*, SAGE Publications.
Woolgar, S. and Pawluch, D. (1985), "Ontological gerrymandering: The anatomy of social problems explanation," *Social Problems*, Vol. 32, No. 2, pp. 214-227.（平英美訳「オントロジカル・ゲリマンダリング——社会問題をめぐる説明の解剖学——」平英美・中河伸俊編『構築主義の社会学——論争と議論のエスノグラフィー——』世界思想社，2000 年，18-45 頁。）
草柳千草（2004），『「曖昧な生きづらさ」と社会——クレイム申し立ての社会学——』世界思想社。
小杉美智子（2013），「組織不祥事の原因と解決策に関する低減」『情報化社会・メディア研究』第10 巻，73-80 頁。
社団法人日本監査役協会（2009），『企業不祥事の防止と監査役』社団法人日本監査役協会。

田中耕一（2003），「再帰性の神話——社会的構築主義の可能性と不可能性——」『関西学院大学社会学部紀要』第93巻，93-108頁。
中河伸俊（2004），「構築主義とエンピリカル・リサーチャビリティ」『社会学評論』第55巻，第3号，244-259頁。
野家啓一（1990），「『言語論的転回』の意味するもの」『神奈川大学言語研究』第12巻，161-164頁。
樋口晴彦（2012），『組織不祥事研究——組織不祥事を引き起こす潜在的要因の解明——』白桃書房。
樋口晴彦（2015），「アクリフーズ農薬混入事件の事例研究」『千葉商大論叢』第52巻，第2号，157-179頁。
福原康司・蔡芒錫（2011），「組織不祥事研究における視座と方法——ミクロ・アプローチの再検討——」『専修マネジメントジャーナル』第1巻，第1-2号，99-113頁。
堀真悟（2014），「クレイム申し立てとしてのベーシック・インカム」『ソシオロゴス』第38号，1-18頁。
間嶋崇（2007），『組織不祥事——組織文化論による分析——』文眞堂。
松嶋登（2015），『現場の情報化——IT利用実践の組織論的研究——』有斐閣。
村上伸夫（2011），「報道における不祥事概念の構築に関する一考察——1991年『証券不祥事』を事例として——」『社会学研究科年報』第18号，49-61頁。
山本奈生（2007），「社会問題の構築主義とグラウンデッドセオリー」『佛教大学大学院紀要』第35号，161-174頁。

第IV部
文　　献

ここに掲載の文献一覧は、第Ⅱ部の統一論題論文執筆者が各自のテーマの基本文献としてリストアップしたものを、年報編集委員会の責任において集約したものである。

1 経営学の批判力と構想力

外国語文献
1 Barnard, C. I. (1938, 1968), *The Functions of the Executive*, Harvard University Press.(山本安次郎・田杉競・飯野春樹訳『新訳 経営者の役割』ダイヤモンド社,1968年。)
2 Beck, U., Giddens, A. and Lash, S. (1994), *Reflexive Modernization: Politics, Tradition and Aesthetics in the Modern Social Order*, Stanford University Press.(松尾精文・小幡正敏・叶堂隆三訳『再帰的近代化――近現代の社会秩序における政治,伝統,美的原理――』而立書房,1997年。)
3 Whitehead, A. N. (1925, 1967), *Science and the Modern World*, The Free Press.(上田泰治・村上至孝訳『科学と近代世界(ホワイトヘッド著作集 第6巻)』松籟社,1981年。)
4 Whitehead, A. N. (1929, 1978), *Process and Reality, An Essay in Cosmology* (Gifford Lectures Delivered in the University of Edinburgh during the Session 1927-28), The Free Press.(山本誠作訳『過程と実在(上)(ホワイトヘッド著作集 第10巻)』松籟社,1984年。山本誠作訳『過程と実在(下)(ホワイトヘッド著作集 第11巻)』松籟社,1985年。)
5 Whitehead, A. N. (1933, 1967), *Adventures of Ideas*, The Free Press.(山本誠作・菱木政晴訳『観念の冒険(ホワイトヘッド著作集 第12巻)』松籟社,1982年。)

日本語文献
1 池田善昭編著 (2014),『近代主観主義の超克――文明の新しいかたち――』晃洋書房。
2 今村仁司 (1994),『近代性の構造――「企て」から「試み」へ――』講談社。
3 今村仁司 (2007),『社会性の哲学』岩波書店。
4 経営学史学会編 (2012),『経営学の思想と方法(経営学史学会年報 第19輯)』文眞堂。
5 経営学史学会編 (2013)『経営学の貢献と反省――21世紀を見据えて――(経営学史学会年報 第20輯)』文眞堂。
6 河野大機・吉原正彦編 (2001),『経営学パラダイムの探求――人間協働この未知なるものへの挑戦――』文眞堂。

7 佐伯啓思 (2009),『大転換——脱成長社会へ——』NTT 出版。
8 庭本佳和 (2006),『バーナード経営学の展開——意味と生命を求めて——』文眞堂。

2 経営における正しい選択とビジネス倫理の視座

外国語文献
1 Abend, G. (2014), *The Moral Background: An Inquiry into the History of Business Ethics*, Princeton University Press.
2 Baumhart, R. (1968), *An Honest Profit: What Businessmen Say about Ethics in Business*, Holt, Rinehart and Winston.
3 Bazerman, M. H. and Tenbrunsel, A. E. (2011), *Blind Spots: Why We Fail to Do What's Right and What to Do about It*, Princeton University Press. (池村千秋訳『倫理の死角——なぜ人と企業は判断を誤るのか——』NTT 出版, 2013 年。)
4 Bowie, N. E. (2013), *Business Ethics in the 21st Century*, Springer.
5 Goodpaster, K. E. (2007), *Conscience and Corporate Culture*, Blackwell.
6 Khurana, R. (2010), *From Higher Aims to Hired Hands: The Social Transformation of American Business Schools and the Unfulfilled Promise of Management as a Profession*, Princeton University Press.
7 Nash, L. L. (1990), *Good Intentions Aside: A Manager's Guide to Resolving Ethical Problems*, Harvard Business School Press. (小林俊治・山口善昭訳『アメリカの企業倫理——企業行動基準の再構築——』日本生産性本部, 1992 年。)
8 Paine, L. S. (2003), *Value Shift: Why Companies Must Merge Social and Financial Imperatives to Achieve Superior Performance*, McGraw-Hill. (鈴木主税・塩原通緒訳『バリューシフト——企業倫理の新時代——』毎日新聞社, 2004 年。)
9 Piper, T. R., Gentile, M. C. and Parks, S. D. (1993), *Can Ethics Be Taught?: Perspectives, Challenges, and Approaches at Harvard Business School*, Harvard Business School Press.
10 Wicks, A. C., Freeman, R. E., Werhane, P. H. and Martin, K. E. (2010), *Business Ethics: A Managerial Approach*, Prentice Hall Pearson.

日本語文献
1 梅津光弘 (2002),『ビジネスの倫理学』丸善。
2 岡本大輔・梅津光弘 (2006),『企業評価＋企業倫理──CSRへのアプローチ──』慶應義塾大学出版会。
3 髙巖 (2013),『ビジネスエシックス［企業倫理］』日本経済新聞社。
4 田中朋弘・柘植尚則編 (2004),『ビジネス倫理学──哲学的アプローチ──』ナカニシヤ出版。
5 山脇直司・金泰昌編 (2006),『組織・経営から考える公共性　公共哲学(18)』東京大学出版会。

3　経営管理論形成期におけるH. S. デニスンの「長期連帯主義」思想

外国語文献
1　Dennison, H. S. (1931), *Organization Engineering*, McGraw-Hill Book Company, Inc.
2　Dennison, H. S. (1932), *Ethics and Modern Business*, Houghton-Mifflin.
3　Dennison, H. S. and Galbraith, J. K. (1938), *Modern Competition and Business Policy*, Oxford University Press.
4　Dennison, J. T. (1955), *New England Industrialist who Served America!*, The Newcomen Society in North America.
5　Dennison Manufacturing Company (1921), *Employee Industrial Partner's Book*, Lakeview Press.
6　Dennison Manufacturing Company (1922), *Works Committee Maxims, A Handbook for Members of the Management and General Works Committee of the Dennison Manufacturing Company.*
7　Gras, N. S. B. (1930), *Industrial Evolution*, Harvard University Press.
8　Gras, N. S. B. and Larson, H. M. (1939), *Casebook in American Business History*, Appleton-Century-Croft.
9　Jacoby, S. M. (1985), *Employing Bureaucracy: Managers, Unions, and the Transformation of Work in American Industry, 1900-1945*, Columbia University Press.（荒又重雄・木下順・平尾武久・森杲訳『雇用官僚制──アメリカの内部労働市場と"良い仕事"の生成史──』北海道大学図書刊行会，1989年。）
10　Jacoby, S. M. (1997), *Modern Manors: Welfare Capitalism Since The New*

Deal, Princeton University Press.（内田一秀・中本和秀・鈴木良始・平尾武久・森杲訳『会社荘園制——アメリカ型ウェルフェア・キャピタリズムの軌跡——』北海道大学図書刊行会，1999年。）
11 Simpson, R. G. (1954), *Case Studies in Management Development: Theory and Practice in Ten Selected Companies*, American Management Association.
12 Wren, D. (1994), *The Evolution of Management Thought, Fourth Edition*, John Wiley and Sons.（佐々木恒男監訳『マネジメント思想の進化』文眞堂，2003年。）

日本語文献
1 井上昭一・黒川博・堀龍二編著（2000），『アメリカ企業経営史——労務・労使関係的視点を基軸として——』税務経理協会。
2 奥田幸助（1976），『アメリカ経営参加論史』ミネルヴァ書房。
3 奥林康司（1973），『人事管理理論——アメリカにおける1920年代の企業労務の研究——』千倉書房。
4 奥林康司（1975），『人事管理学説の研究』有斐閣。
5 土屋守章・二村敏子編（1989），『現代経営学説の系譜——変転する理論の科学性と実践性—— 現代経営学④』有斐閣。
6 平尾武久・伊藤健市・関口定一・森川章編著（1998），『アメリカ大企業と労働者——1920年代労務管理史研究——』北海道大学図書刊行会。
7 三戸公・榎本世彦（1986），『経営学——人と学説—— フォレット』同文舘。

4　制度化された経営学の批判的検討
　　——『制度的企業家』からのチャレンジ——

外国語文献
1 Barnard, C. I. (1938, 1968), *The Functions of the Executive*, Harvard University Press.（山本安次郎・田杉競・飯野春樹訳『新訳 経営者の役割』ダイヤモンド社，1968年。）
2 Chandler, A. D. (1962), *Strategy and Structure: Chapters in the Hestory of the Industrial Enterprise*, MIT Press.（三菱経済研究所訳『経営戦略と組織——米国企業の事業部制成立史——』実業之日本社，1967年。）
3 Cyert, R. M. and March, J. G. (1963), *A Behavioral Theory of the Firm*, Prentice-Hall.

4 Dean, J. (1951), *Managerial Economics*, Prentice-Hall.
5 Littleton, A. C. (1933), *Accounting Evolution to 1990*, American Institute Publishing Co.（片野一郎訳『リトルトン会計発達史（増補版）』同文舘，1978年。）
6 March, J. G. and Simon, H. A. (1958), *Organizations*, John Wiley & Sons.（土屋守章訳『オーガニゼーションズ』ダイヤモンド社，1977年。）
7 Penrose, E. (1959, 1962), *The Theory of the Growth of the Firm*, Oxford University Press.（日高千景訳『企業成長の理論』ダイヤモンド社，2010年。）
8 Schumpeter, J. A. (1926), *Theorie der wirtschaftlichen Entwicklung: eine Untersuchung über Unternehmergewinn, Kapital, Kredit, Zins und den Konjunkturzyklus, 2*, Duncker & Humblot.（塩野谷祐一・中山伊知郎・東畑精一訳『経済発展の理論——企業者利潤・資本・信用・利子および景気の回転に関する一研究——』岩波文庫，1977年。）
9 Simon, H. A. (1947, 1997), *Administrative Behavior: A Study of Decision-Making Processes in Administrative Organizations*, The Free Press.（二村敏子・桑田耕太郎・高尾義明・西脇暢子・高柳美香訳『新版 経営行動——経営組織における意思決定過程の研究——』ダイヤモンド社，2009年。）
10 Weber, M. (1921), "Soziologische Grundbegriffe," *Wirtschaft und Gesellschaft*, J. C. B. Mohr.（阿閉吉男・内藤莞爾訳『社会学の基礎概念』角川文庫，1968年。）

日本語文献
1 稲葉元吉・山倉健嗣編著（2007），『現代経営行動論』白桃書房。
2 大塚久雄編（1965），『マックス・ヴェーバー研究——生誕百年記念シンポジウム——』東京大学出版会。
3 黒澤清（1933），『会計学』千倉書房。
4 桑田耕太郎・松嶋登・高橋勅徳編著（2015），『制度的企業家』ナカニシヤ出版。
5 中川敬一郎（1981），『比較経営史序説』東京大学出版会。

5 管理論・企業論・企業中心社会論——企業社会論の展開に向かって——

外国語文献

1 Ackerman, R. W. (1975), *The Social Challenge to Business*, Harvard University Press.
2 Baida, P. (1990), *Poor Richard's Legacy: American Business Values from Benjamin Franklin to Donald Trump*, William Morrow and Company. (野中邦子訳『豊かさの伝説——アメリカ・ビジネスにおける価値観の変遷——』ダイヤモンド社，1992年。)
3 Cowan, R. S. (1983), *More Work for Mother: The Ironies of Household Technology from the Open Hearth to the Microwave*, Basic Books. (高橋雄造訳『お母さんは忙しくなるばかり——家事労働とテクノロジーの社会史——』法政大学出版局，2010年。)
4 Deeks, J. (1993), *Business and the Culture of the Enterprise Society*, Quorum Books.
5 Hareven, T. K. (1982), *Family Time and Industrial Time: The Relationship between the Family and Work in a New England Industrial Community*, Cambridge University Press. (正岡寛司監訳『家族時間と産業時間』早稲田大学出版部，1990年。)
6 Hochschild, A. R. (1983), *The Managed Heart: Commercialization of Human Feeling*, University of California Press. (石川准・室伏亜希訳『管理される心——感情が商品になるとき——』世界思想社，2000年。)
7 McDermott, J. (1991), *Corporate Society: Class, Property, and Contemporary Capitalism*, Westview Press.
8 Miles, R. H. (1987), *Managing the Corporate Social Environment: A Grounded Theory*, Prentice-Hall.
9 Ritzer, G. (1998), *The McDonaldization Thesis: Explorations and Extensions*, Sage Publications. (正岡寛司監訳『マクドナルド化の世界——そのテーマは何か？——』早稲田大学出版部，2001年。)
10 Ritzer, G. (2004), *The McDonaldization of Society, Revised New Century Edition*, Pine Forge Press. (正岡寛司訳『21世紀新版 マクドナルド化した社会——果てしなき合理化のゆくえ——』早稲田大学出版部，2008年。)

日本語文献

1　姉歯曉（2013），『豊かさという幻想――「消費社会」批判――』桜井書店。
2　乾彰夫（1990），『日本の教育と企業社会――一元的能力主義と現代の教育＝社会構造――』大月書店。
3　梅澤正（2000），『企業と社会――社会学からのアプローチ――』ミネルヴァ書房。
4　影山喜一（1976），『企業社会と人間』日本経済新聞社。
5　田島壯幸（1984），『企業論としての経営学』税務経理協会。
6　田中洋子（2001），『ドイツ企業社会の形成と変容――クルップ社における労働・生活・統治――』ミネルヴァ書房。
7　富永健一（1988），『日本産業社会の転機』東京大学出版会。
8　村田和彦（2006），『経営学原理』中央経済社。
9　諸井勝之助・土屋守章編（1979），『企業と社会』東京大学出版会。
10　渡辺敏雄（2008），『日本企業社会論』税務経理協会。

第V部
資　料

経営学史学会第 23 回全国大会実行委員長挨拶

河辺　純

　経営学史学会第 23 回全国大会は，2015 年 5 月 15 日から 17 日までの 3 日間にわたり，大阪商業大学を会場として開催されました。大阪商業大学は，中小企業が多く集積する「モノづくりのまち」東大阪市に 1949 年大阪城東大学として開学しました。その後，60 年以上にわたって実学教育の実践を理念とし，現在 2 学部（経済学部，総合経営学部）4 学科（経済学科，経営学科，商学科，公共経営学科）を有する大学となりました。学生数は約 4500 人の小規模の大学ではありますが，このたび経営学史学会の全国大会が開催できたことを大変光栄に存じます。大会には会員非会員あわせて約 100 名の方々にご参加いただきました。ご参加くださいました会員の皆様には，実行委員一同，謹んでお礼を申し上げます。

　今大会では，統一論題「経営学の批判力と構想力」のもとに，「経営のあり方を問い直す」そして「経営学のあり方を問い直す」という 2 つのサブ・テーマが設定されました。基調報告に続き，サブ・テーマ I「経営のあり方を問い直す」では，2 名の先生から「ビジネス倫理」と「企業統治」という現代経営の重要課題に基づいて，経営のあり方についての歴史的反省と経営実践の未来への構想に関するご報告をいただきました。また，サブ・テーマ II「経営学のあり方を問い直す」では，同じく 2 名の先生から，経営学史研究において看過されてきた様々な課題が，それぞれ「制度的企業家論」と「企業中心社会論」を主題として検討され，経営学研究の新たな可能性と問題が提起されました。

　今大会では，統一論題の報告者 1 名につき討論と質疑応答を含めて 70 分の時間を配分したことで，例年以上に活発な議論が展開されました。また自由論題におきましても，6 名の先生から統一論題につながるような意義深いご報告があり，各会場とも予想を上回る多くの方にご参加を頂きました。つきましては，報告者の先生方は言うまでもなく，司会者，討論者およびチェ

アパーソンをおつとめ頂きました先生，さらにフロアからご質問頂きました会員の方々には深く感謝を申し上げます。

　本学会に所属する会員が本学には3名という大変心許ない中，準備期間中および大会当日には実行委員会の不手際もあり，皆様には様々な面でご不便とご迷惑をおかけした事を深くお詫び申し上げます。このような状況におきましても何とか大会を無事に終えることができましたのは，大会開催決定後から大会準備，大会運営その他全般において第8期理事長の吉原正彦先生および運営委員会の先生方からご指導頂いたことは勿論のこと，経験豊富な多くの会員の先生方に多大なご協力と暖かいご支援を賜りましたおかげと一同感じております。また大会期間中には，本学の教職員のみならず，学会開催経験のない学生にも幾度となく暖かい言葉をかけて頂きましたこと，重ねてお礼を申し上げます。

　経営学史学会第24回全国大会も実り多きものとなり，経営学と本学会の発展と充実に貢献できることを祈念致します。

第23回全国大会を振り返って

杉　田　　　博

　経営学史学会第23回全国大会は，2015年5月15日（金）から17日（日）にかけて大阪商業大学で開催された。今大会は，「過去と未来を包み込んでいる現状の経営を把握し，過去を批判的に捉えることによって未来への構想を見出す概念枠組みを提示する」という第8期運営委員会の趣意に基づいて，『経営学の批判力と構想力』という統一論題が掲げられた。そして，この問題に挑むべく，「経営のあり方を問い直す」と「経営学のあり方を問い直す」というサブ・テーマが設定された。

　16日の10時から自由論題報告が2会場でひとつずつ行われ，その後，大会実行委員長の河辺純会員による開会の辞と「経営学の批判力と構想力」と題する基調報告が行われた。第20回大会「経営学の貢献と反省——21世紀を見据えて——」（明治大学），第21回大会「経営学に何ができるか——経営学の再生——」（近畿大学），第22回大会「現代経営学の潮流と限界——これからの経営学——」（関東学院大学）を継承しつつ，第23回大会も経営学史研究の存在意義を問うというスタンスが示された。

　引き続き2日間にわたって4つの統一論題報告が行われた。16日は，サブ・テーマⅠ「経営のあり方を問い直す」をめぐり，水村典弘会員の「経営における正しい選択とは何か——ビジネス倫理の視点とヒューマニティ——」，および中川誠士会員の「H. S. デニソンの管理思想とデニソン製造会社の労務政策——近代的経営管理論形成期におけるH. S. デニソンの批判力と構想力——」と題する報告がなされた。翌17日は，サブ・テーマⅡ「経営学のあり方を問い直す」をめぐり，桑田耕太郎会員の「制度化された経営学の批判的検討——『制度的企業家』からのチャレンジ——」，そして渡辺敏雄会員の「管理論・企業論・企業中心社会論」の報告があった。いずれも「歴史を繰り返させない」ために，経営実践と経営学研究の歴史を批判的に解釈し，そこから新たな未来を構想するという内容であり，まさに今回の統一論題に相

応しい報告だった。

　自由論題は2日間で6つの報告が行われた。各報告者の意欲的で興味深い研究成果の発表と，チェアパーソンのコメントを踏まえての活発な質疑応答がなされた。

　総会では1年間の活動報告と決算報告，および次年度の活動計画と予算案が審議・承認された。そして本年度の学会賞論文部門奨励賞は，庭本佳子会員の「組織能力におけるHRMの役割――『調整』と『協働水準』に注目して――」に授与されることが発表され，吉原正彦理事長からの表彰と受賞者の挨拶があった。なお，次回24回大会は九州産業大学での開催が決定し，池内秀己会員が開催校を代表して挨拶された。

　今大会が充実したものになったのは，周到な準備をしてくださった河辺純大会委員長をはじめ，原敏晴・中津孝司大会委員会の先生方，そして大阪商業大学の多くの皆様のおかげである。心より感謝申し上げたい。

　第23回大会のプログラムは次の通りである。

　　2015年5月16日（土）
【自由論題】（報告30分，質疑応答30分）
A会場（4号館4階・448教室）
　10：00～11：00　報告者：小澤優子（神戸学院大学）
　　　　　　　　　「コントローリングの導入と普及」
　　　　　　　　チェアパーソン：風間信隆（明治大学）
B会場（4号館4階・449教室）
　10：00～11：00　報告者：藤沼　司（青森公立大学）
　　　　　　　　　「『トランス・サイエンス』への経営学からの照射」
　　　　　　　　チェアパーソン：三井　泉（日本大学）
【開会・基調報告】（4号館2階・422教室）
　11：10～11：50　開会の辞：第23回全国大会実行委員長　河辺　純（大阪商業大学）
　　　　　　　　基調報告：河辺　純（大阪商業大学）
　　　　　　　　論　題：「経営学の批判力と構想力」

　　　　　　　司会者：吉原正彦（青森中央学院大学・経営学史学会理
　　　　　　　　　　　事長）
【統一論題】（4号館2階・422教室：報告30分，討論20分，質疑応答50分）
　12：50～14：30　サブ・テーマⅠ：経営のあり方を問い直す（第1報告）
　　　　　　　報告者：水村典弘（埼玉大学）
　　　　　　　論　題：「経営における正しい選択とは何か——ビジネス
　　　　　　　　　　　倫理の視点とヒューマニティ——」
　　　　　　　討論者：坂本雅則（龍谷大学）
　　　　　　　司会者：池内秀己（九州産業大学）
　14：45～16：25　サブ・テーマⅠ：経営のあり方を問い直す（第2報告）
　　　　　　　報告者：中川誠士（福岡大学）
　　　　　　　論　題：「H. S. デニソンの管理思想とデニソン製造会社
　　　　　　　　　　　の労務政策——近代的経営管理論形成期におけ
　　　　　　　　　　　るH. S. デニソンの批判力と構想力——」
　　　　　　　討論者：勝部伸夫（熊本学園大学）
　　　　　　　司会者：髙橋公夫（関東学院大学）
【会員総会】（4号館2階・422教室）
　16：40～17：40
【懇親会】（TTSセンター6階）
　18：00～20：00

　　　2015年5月17日（日）
【自由論題】（報告30分，質疑応答30分）
A会場（4号館4階・448教室）
　9：30～10：30　高橋由明（中央大学）
　　　　　　　　「『新制度派経済学』の基本的性格——アルチャン＆デ
　　　　　　　　ムゼッツ，ジェンセン，ウイリアムソンを中心に——」
　　　　　　　　チェアパーソン：片岡信之（龍谷大学）
　10：35～11：35　中原　翔（神戸大学・院）
　　　　　　　　「組織不祥事研究のリサーチャビリティ——研究者と当

事者の対話実践の探求——」
　　　　　　　　　チェアパーソン：宇田川元一（西南学院大学）
B 会場（4 号館 4 階・449 教室）
　9：30～10：30　庭本佳子（摂南大学）
　　　　　　　　　「組織能力の形成プロセス——現場からの環境適応——」
　　　　　　　　　チェアパーソン：辻村宏和（中部大学）
　10：35～11：35　原　敏晴（大阪商業大学）
　　　　　　　　　「バーナードのマネジメント観の変遷」
　　　　　　　　　チェアパーソン：松嶋　登（神戸大学）
【統一論題】（4 号館 2 階・422 教室：報告 30 分，討論 20 分，質疑応答 50 分）
　12：35～14：15　サブ・テーマⅡ：経営学のあり方を問い直す（第 1 報告）
　　　　　　　　　報告者：桑田耕太郎（首都大学東京）
　　　　　　　　　論　題：「制度化された経営学の批判的検討——『制度的
　　　　　　　　　　　　　企業家』からのチャレンジ——」
　　　　　　　　　討論者：廣田俊郎（関西大学）
　　　　　　　　　司会者：岩田　浩（龍谷大学）
　14：20～16：00　サブ・テーマⅡ：経営学のあり方を問い直す（第 2 報告）
　　　　　　　　　報告者：渡辺敏雄（関西学院大学）
　　　　　　　　　論　題：「管理論・企業論・企業中心社会論」
　　　　　　　　　討論者：藤井一弘（青森公立大学）
　　　　　　　　　司会者：丹沢安治（中央大学）
【大会総括・閉会】（4 号館 2 階・422 教室）
　16：00～16：10　大会総括：学会理事長　吉原正彦（青森中央学院大学）
　　　　　　　　　閉会の辞：第 23 回全国大会実行委員長　河辺　純（大
　　　　　　　　　阪商業大学）

執筆者紹介（執筆順，肩書には大会後の変化が反映されている）

河辺　純（大阪商業大学准教授）
　　主要論文「バーナードの協働論と公式組織論──人間はなぜ協働するのか，協働を成功に導く公式組織とは何か──」経営学史学会監修・藤井一弘編著『経営学史叢書第Ⅵ巻　バーナード』文眞堂，2011年
　　「『経験としての協働』を考える」桃山学院大学キリスト教学会編『桃山学院大学キリスト教論集』第50号，2015年

水村　典弘（埼玉大学大学院人文社会科学研究科准教授）
　　主著『ビジネスと倫理──ステークホルダー・マネジメントと価値創造──』文眞堂，2008年
　　主要論文「ビジネスとプロフェッショナリズム」『社会科学論集』（埼玉大学経済学会）第144号，2015年

中川　誠士（福岡大学教授）
　　主著『テイラー主義生成史論』森山書店，1992年
　　『現代社会を読む経営学⑬　アメリカの経営・日本の経営──グローバル・スタンダードの行方──』（共編著）ミネルヴァ書房，2010年

桑田　耕太郎（首都大学東京大学院社会科学研究科教授）
　　主著『制度的企業家』（共編著）ナカニシヤ出版，2015年
　　『組織論（増訂版）』（共著）有斐閣，2010年

渡辺　敏雄（関西学院大学教授）
　　主著『管理論の基本的構造──論理・観点・体系──［改訂版］』税務経理協会，2000年
　　『日本企業社会論』税務経理協会，2008年

小澤　優子（神戸学院大学准教授）

　　主要論文「コントローリングと管理部分システムの調整」『商学論究』（関西学院大学）第54巻第2号，2006年

　　「コントローリング導入の背景」『神戸学院大学経営学論集』第8巻第1・2号，2012年

藤沼　司（青森公立大学准教授）

　　主著『経営学と文明の転換——知識経営論の系譜とその批判的研究——』文眞堂，2015年

　　主要論文「メイヨー——人間関係論の思想的基盤——」吉原正彦編著『メイヨー＝レスリスバーガー——人間関係論——（経営学史叢書Ⅲ）』文眞堂，2013年

高橋　由明（中央大学名誉教授）

　　主著『企業経済学の基礎——企業目的，歴史と理論，方法——』中央大学出版部，2013年

　　『グーテンベルク経営経済学——基礎理論と体系——』中央大学出版部，1983年

庭本　佳子（摂南大学経営学部専任講師）

　　主要論文「組織能力におけるHRMの役割——『調整』と『協働水準』に注目して——」経営学史学会編『経営学の再生——経営学に何ができるか——』（経営学史学会年報　第21輯）文眞堂，2014年

　　「日本企業における組織能力の発現メカニズム——チームの協働とリーダーシップの視点から——」（神戸大学大学院経営学研究科博士論文）2015年

中原　翔（大阪産業大学経営学部講師）

　　主要論文「声なき利害関係者による組織不祥事化：組織不祥事の根絶を目的とした発生要因研究から不可避な社会プロセスを捉える関係記述研究への転換」（神戸大学大学院経営学研究科第二論文）2014年

　　「組織不祥事の構築主義的アプローチ：インフォーマントとの対話を伴うポリティカル・リサーチャビリティ」（神戸大学大学院経営学研究科博士論文）2016年

経営学史学会年報掲載論文（自由論題）審査規定

1 本審査規定は本学会の年次大会での自由論題報告を条件にした論文原稿を対象とする。
2 編集委員会による形式審査
　原稿が著しく規定に反している場合，編集委員会の責任において却下することができる。
3 査読委員の選定
　査読委員は，原稿の内容から判断して適当と思われる会員2名に地域的バランスも考慮して，編集委員会が委嘱する。なお，大会当日の当該報告のチェアパーソンには査読委員を委嘱しない。また会員に適切な査読委員を得られない場合，会員外に査読委員を委嘱することができる。なお，原稿執筆者と特別な関係にある者（たとえば指導教授，同門生，同僚）には，査読委員を委嘱できない。
　なお，査読委員は執筆者に対して匿名とし，執筆者との対応はすべて編集委員会が行う。
4 編集委員会への査読結果の報告
　査読委員は，論文入手後速やかに査読を行い，その結果を30日以内に所定の「査読結果報告書」に記入し，編集委員会に査読結果を報告しなければならない。なお，報告書における「論文掲載の適否」は，次のように区分する。
①**適**：掲載可とするもの。
②**条件付き適**：条件付きで掲載可とするもの。査読委員のコメントを執筆者に返送し，再検討および修正を要請する。再提出された原稿の修正確認は編集委員会が行う。
③**再査読**：再査読を要するもの。査読委員のコメントを執筆者に返送し，再検討および修正を要請する。再提出された原稿は査読委員が再査読し，判断する。
④**不適**：掲載不可とするもの。ただし，他の1名の評価が上記①〜③の場合，査読委員のコメントを執筆者に返送し，再検討および修正を要請する。再提出された原稿は査読委員が再査読し，判断する。
　なお，再査読後の評価は「適（条件付きの場合も含む）」と「不適」の2つ

とする。また，再査読後の評価が「不適」の場合，編集委員会の最終評価は，「掲載可」「掲載不可」の2つとするが，再査読論文に対して若干の修正を条件に「掲載可」とすることもある。その場合の最終判断は編集委員会が行う。

5　原稿の採否

編集委員会は，査読報告に基づいて，原稿の採否を以下のようなルールに従って決定する。

①査読委員が2名とも「適」の場合は，掲載を可とする。

②査読委員1名が「適」で，他の1名が「条件付き適」の場合は，修正原稿を編集委員会が確認した後，掲載を可とする。

③査読委員1名が「適」で，他の1名が「再査読」の場合は，後者に修正原稿を再査読するよう要請する。その結果が「適（条件付きの場合を含む）」の場合は，編集委員会が確認した後，掲載を可とする。「不適」の場合は，当該査読委員がそのコメントを編集委員会に提出し，編集委員会が最終判断を行う。

④査読委員が2名とも「条件付き適」の場合は，修正原稿を編集委員会が確認した後，掲載を可とする。

⑤査読委員1名が「条件付き適」で，他の1名が「再査読」の場合は，後者に修正原稿を再査読するよう要請する。その結果が「適（条件付きの場合を含む）」の場合は，編集委員会が前者の修正点を含め確認した後，掲載を可とする。「不適」の場合は，当該査読委員がそのコメントを編集委員会に提出し，編集委員会が最終判断を行う。

⑥査読委員が2名とも「再査読」の場合は，両者に修正原稿を再査読するよう要請する。その結果が2名とも「適（条件付きの場合を含む）」の場合は，編集委員会が確認した後，掲載を可とする。1名あるいは2名とも「不適」の場合は，当該査読委員がそのコメントを編集委員会に提出し，編集委員会が最終判断を行う。

⑦査読委員1名が「条件付き適」で，他の1名が「不適」の場合は，後者に修正原稿を再査読するよう要請する。その結果が「適（条件付きの場合を含む）」の場合は，編集委員会が前者の修正点を含め確認した後，掲載を可とする。「不適」の場合は，当該査読委員がそのコメントを編集委員会に提出し，編集委員会が最終判断を行う。

⑧査読委員1名が「再査読」で，他の1名が「不適」の場合は，両者に修正原稿を再査読するよう要請する。その結果が2名とも「適（条件付きの場合を含

む)」の場合は，編集委員会が確認した後，掲載を可とする。1名あるいは2名とも「不適」の場合は，当該査読委員がそのコメントを編集委員会に提出し，編集委員会が最終判断を行う。

⑨査読委員1名が「適」で，他の1名が「不適」の場合は，後者に修正原稿を再査読するよう要請する。その結果が「適（条件付きの場合を含む）」の場合は，編集委員会が確認した後，掲載を可とする。「不適」の場合は，当該査読委員がそのコメントを編集委員会に提出し，編集委員会が最終判断を行う。

⑩査読委員が2名とも「不適」の場合は，掲載を不可とする。

6 執筆者への採否の通知

編集委員会は，原稿の採否，掲載・不掲載の決定を，執筆者に文章で通知する。

経営学史学会
年報編集委員会

委員長　藤　井　一　弘（青森公立大学教授）
委　員　岩　田　　　浩（龍　谷　大　学　教　授）
委　員　小　笠　原　英　司（明　治　大　学　教　授）
委　員　風　間　信　隆（明　治　大　学　教　授）
委　員　高　橋　公　夫（関　東　学　院　大　学　教　授）
委　員　中　川　誠　士（福　岡　大　学　教　授）
委　員　山　口　隆　之（関　西　学　院　大　学　教　授）
委　員　吉　原　正　彦（青森中央学院大学教授）
委　員　藤　沼　　　司（青森公立大学准教授）

編集後記

　本年報（第23輯）が少なからぬ会員諸兄姉のお手元に届くのは，「経営学史研究の興亡」の統一論題のもとで開かれる第24回全国大会の際になることと思う。私事で恐縮だが，編集子は，どうも経営学において「軍事」的な言葉が多く用いられるのが好きではない。もっとも代表的なものが「戦略」だろう。「興亡」もその類ではないか，と思われる向きもあるに違いない。しかし，必ずしもそうではないのではないか，というのが今の気持ちである。

　トーマス・マンが描いたのは，ブッデンブローグ家の「興亡」であったろうし，チェーホフが『桜の園』でペーソスをもって描いたのは，ある階層（クラス）の「興亡」であったのではないか。例にあげた両作品を思い浮かべて，縁起でもないと眉を顰められた方もあるだろう。「興」ではなく「亡」に向かう話しばかりではないか，と。確かに，本学会を取り巻く状況も容易なものではない。運営委員会（ほぼ，編集委員会と重なっている）でしばしば議論の俎上にあがるように，会員数は漸減傾向にあるし，自由論題報告の当初の希望者も伸び悩んでいる。人文社会系の学部をめぐる騒動に見られるように，社会の傾向も，学史研究にとっては，どちらかと言えば逆風である。確固とした信念をもって活動されている会員諸兄姉にあっては，そのように思ってしまうことこそが，一種の堕落であり，我が道を行けば良いのだという方もいらっしゃるだろうが，研究活動も社会的行為である以上，このような傾向の影響を受けざるをえない。

　しかし，パンドラの箱の底に「希望」が残っていたように，例示した作品の読後に悲観だけが残る，というわけでは決してない。むしろ，このようなときこそ，状況を真正面から見据え，来し方を直視し，将来を切り拓くことが必要だろう。これが，第24回大会の「統一論題」で求められている姿勢であると思う。本年報でさまざまな角度から論じられている経営学の「批判力」と「構想力」が，その力になることを切に願っている。

（藤井一弘　記）

THE ANNUAL BULLETIN

of

The Society for the History of Management Theories

No. 23	May, 2016

Management Theories: Are They Critical and Constructive?

Contents

Preface

　　　　　Masahiko YOSHIHARA (Aomori Chuo Gakuin University)

I　Meaning of the Theme

II　Management Theories: Are They Critical and Constructive?
　1　Critiquing and Constructing in Management Theories
　　　　　Jun KAWABE (Osaka University of Commerce)
　2　Professionalized Business and Ethical Lens
　Norihiro MIZUMURA (Saitama School of Economics and Management)
　3　H. S. Dennison's Management Thought of Long-term Solidarism
　　　　　Seishi NAKAGAWA (Fukuoka University)
　4　Rethinking Institutionalized Theories of Management and Managerial Practices: Implications from Institutional Entrepreneurship Studies
　　　　　Kotaro KUWADA (Tokyo Metropolitan University)
　5　Theory of Business Administration, Theory of the Corporation, and Theory of Business-Oriented Society: Toward a Theory of Corporate Society
　　　　　Toshio WATANABE (Kwansei Gakuin University)

III Other Themes

6 Einführung und Verbreitung des Controlling
    Yuko OZAWA (Kobe Gakuin University)

7 Response-ability of Management Theories on "Trans-Science":
   "Incorporation of Science" and Management Theories
    Tsukasa FUJINUMA (Aomori Public University)

8 Basic Thought of the New Institutional Economics, and Neo-Liberalism
    Yoshiaki TAKAHASHI (Chuo University)

9 How Organizational Capabilities are Developed: Based on the Adjustment Processes on the Spot
    Yoshiko NIWAMOTO (Setsunan University)

10 Political Researchability of Organizational Corruption: Turning Observation into Production in Social Problems
    Sho NAKAHARA (Osaka Sangyo University)

IV Literatures

V Materials

Abstracts

Critiquing and Constructing in Management Theories

Jun KAWABE (Osaka University of Commerce)

Since the 1980s, "post-modern" discussions have taken place in an attempt to deconstruct the modern era, a time explicitly defined by the victory of capitalism and the advanced information revolution. Modern society is supported by the human subjective awareness, i.e., by subjective eccentricity. The homogenization of linguistic and cultural or moral meaning, along with progress in science and technology, has spread rapidly in our global society, and these trends bring with them a higher level of risk. If research into the history of management theories exists because "history must not be repeated," then a change in critical awareness is required to accommodate the fundamentals of existence—a folding of the subject and object into a whole—which are missing from homogenization in the subjective sense. This ontological ability to critique is not totally absent from previous studies on management theory or practice. Moreover, the study of management thought is essential to construct management practices and studies in the future and to nurture thinking that can hold its own against the continuous tragedy of such reflective experiences.

Professionalized Business and Ethical Lens

Norihiro MIZUMURA (Saitama School of Economics and Management)

The main purpose of this paper is to discuss professionalism and ethics in business from the viewpoint of business ethics study. Through the history of business, the main job of business ethicist is to increase the frequency of ethical behavior in business or in a business community as a whole and to pursue common good. That is the reason why modern business schools are teaching MBA-students to see the criticality of ethical leadership to effective and successful business management. In ethics courses, ethical managers are encouraged to make analyzed through three ethical lens frameworks of consequentialist, deontological and virtue ethics. A matter of course, business ethicist and business schools cannot be expected to assume total responsibility for ethical failure in business corporations. Ethics education in business school and critical power of business ethicist are hardly the sole determinant of human behavior.

H. S. Dennison's Management Thought of Long-term Solidarism

Seishi NAKAGAWA (Fukuoka University)

Tadao KAGONO, in his book *Who Own Firms?* (2014), concluded that Japan had failed in the reform of corporate governance system in past twenty years, and attributed it to the impatience of the reform based on Anglo-American way of thinking and on excessive legalism. KAGONO insisted that it is necessary for Japanese firms to re-evaluate the thought of long-term solidarism which had been embedded in a variety of practices of trade to recover their energy. The long-term solidarism is a kind of thought of preestablished harmony that, if management and governance of firms were given into the hands of people who had strong commitment to firms, other stakeholder's interests were protected automatically, or is a sense of justice that people who have a sense of long-term commitment to firms should become duly the supreme rulers of firms. Although above Kagono's view can be understood as one descended from the studies of Japanese Management Style, the thought of long-term solidarism may have universal significance, since it may be applicable also in countries other than Japan. In this paper, H. S. Dennison's *Organization Engineering* is re-evaluated as one of the historical origins of long-term solidarism.

Rethinking Institutionalized Theories of Management and Managerial Practices: Implications from Institutional Entrepreneurship Studies

Kotaro KUWADA (Tokyo Metropolitan University)

I use the institutional entrepreneurship perspective to consider the dynamic relationship between the theories of management and managerial practices, which are developed under the institutional rules installed into the organization of the firm. Through short review of Weber's concept of "betrieb," institutional economics, and modern organization theories, I insist that the original academic contributions of management theories are in that they describe the dynamic relationship between institutional rules and managerial practices in the context of historical as well as contemporary contexts. Based on the historical analysis of management theories and managerial practices, theories of management are to be understood as outcomes of dynamic interactions between managerial practices and existing management theories institutionalized into the organizations. Finally I discuss some implications for the historical study of management theories.

Theory of Business Administration, Theory of the Corporation, and Theory of Business-Oriented Society: Toward a Theory of Corporate Society

Toshio WATANABE (Kwansei Gakuin University)

In Japan, studies on corporate strategy and organizational behavior have become the current flavor of the times. The importance of the theory of the corporation, which focuses on the meaning of a corporation in society, corporate governance, and social responsibility, is also widely recognized. However, the current theory of the corporation must be modified to examine it's long-term influence on the daily lives of citizens. Although the theory of the corporation examines the adverse effects or consequences of corporate behavior, it ultimately attempts to present alternatives to correct these effects or consequences with the aim of attaining corporate goals. This is a characteristic and a limitation of the current theory of the corporation. Certain aspects of the pervasiveness of corporate behavior, the effects of which are subconsciously accepted by citizens and not corrected by corporations, are discussed in this paper, beginning with the thesis of Prof. Dr. Kazuhiko Murata.

経営学の批判力と構想力
経営学史学会年報　第 23 輯

2016 年 5 月 20 日　第 1 版第 1 刷発行　　　　　　　　検印省略

編　者　　経 営 学 史 学 会

発行者　　前　　野　　　　隆

発行所　　株式会社　文　眞　堂
　　　　　東京都新宿区早稲田鶴巻町 533
　　　　　電　話　03(3202)8480
　　　　　FAX　03(3203)2638
　　　　　〒162-0041　振替00120-2-96437

印刷・平河工業社／製本・イマヰ製本所
© 2016
URL. http://keieigakusi.info/
　　　http://www.bunshin-do.co.jp/
落丁・乱丁本はおとりかえいたします
定価はカバー裏に表示してあります
ISBN978-4-8309-4907-4　C3034

● 好評既刊

経営学の位相 第一輯
● 主要目次
I 課題
- 一 経営学の本格化と経営学史研究の重要性 　　山本安次郎
- 二 社会科学としての経営学 　　三戸　公
- 三 管理思考の呪縛——そこからの解放 　　北野利信
- 四 バーナードとヘンダーソン 　　加藤勝康
- 五 経営経済学史と科学方法論 　　永田　誠
- 六 非合理主義的組織論の展開を巡って 　　稲村　毅
- 七 組織情報理論の構築へ向けて 　　小林敏男

II 人と業績
- 八 村本福松先生と中西寅雄先生の回想 　　高田　馨
- 九 馬場敬治——その業績と人柄 　　雲嶋良雄
- 十 北川宗藏教授の「経営経済学」 　　海道　進
- 十一 シュマーレンバッハ学説のわが国への導入 　　齊藤隆夫
- 十二 回想——経営学研究の歩み 　　大島國雄

経営学の巨人 第二輯
● 主要目次
I 経営学の巨人
- 一 H・ニックリッシュ
  1 現代ドイツの企業体制とニックリッシュ 　　吉田　修
  2 ナチス期ニックリッシュの経営学 　　田中照純
  3 ニックリッシュの自由概念と経営思想 　　鈴木辰治
- 二 C・I・バーナード
  4 バーナード理論と有機体の論理 　　村田晴夫
  5 現代経営学とバーナードの復権 　　庭本佳和
  6 バーナード理論と現代 　　稲村　毅
- 三 K・マルクス
  7 日本マルクス主義と批判的経営学 　　川端久夫
  8 旧ソ連型マルクス主義の崩壊と個別資本説の現段階 　　片岡信之
  9 マルクスと日本経営学 　　篠原三郎

II 経営学史論攷
1. アメリカ経営学史の方法論的考察　　　三井　　泉
2. 組織の官僚制と代表民主制　　　奥田　幸助
3. ドイツ重商主義と商業経営論　　　北村健之助
4. アメリカにみる「キャリア・マネジメント」理論の動向　　西川　清之

III 人と業績
1. 藻利重隆先生の卒業論文　　　三戸　　公
2. 日本の経営学研究の過去・現在・未来　　　儀我壮一郎
3. 経営学生成への歴史的回顧　　　鈴木　和蔵

IV 文献

日本の経営学を築いた人びと　第三輯
● 主要目次

I 日本の経営学を築いた人びと
- 一　上田貞次郎――経営学への構想――　　　小松　　章
- 二　増地庸治郎経理論の一考察　　　河野　大機
- 三　平井泰太郎の個別経済学　　　眞野　　脩
- 四　馬場敬治経営学の形成・発展の潮流とその現代的意義　　　岡本　康雄
- 五　古林経営学――人と学説――　　　門脇　延行
- 六　古林教授の経営労務論と経営民主化論　　　奥田　幸助
- 七　馬場克三――五段階説、個別資本説そして経営学――　　　三戸　　公
- 八　馬場克三・個別資本の意識性論の遺したもの　　　川端　久夫
  ――個別資本説と近代管理学の接点――
- 九　山本安次郎博士の「本格的経営学」の主張をめぐって　　　加藤　勝康
  ――Kuhnian Paradigmとしての「山本経営学」――
- 十　山本経営学の学史的意義とその発展の可能性　　　谷口　照三
- 十一　高宮　晋―経営組織の経営学的論究　　　鎌田　伸一
- 十二　山城経営学の構図　　　森本　三男
- 十三　市原季一博士の経営学説――ニックリッシュとともに――　　　増田　正勝
- 十四　占部経営学の学説史的特徴とバックボーン　　　金井　壽宏
- 十五　渡辺銕蔵論――経営学史の一面――　　　高橋　俊夫
- 十六　生物学的経営学説の生成と展開　　　裴　　富吉
  ――暉峻義等の労働科学：経営労務論の一源流――

II 文献

アメリカ経営学の潮流 第四輯
●主要目次
I アメリカ経営学の潮流
一 ポスト・コンティンジェンシー理論——回顧と展望—— 野中郁次郎
二 組織エコロジー論の軌跡 村上伸一
　　——一九八〇年代の第一世代の中核論理と効率に関する議論の検討を中心にして——
三 ドラッカー経営理論の体系化への試み 河野大機
四 H・A・サイモン——その思想と経営学—— 稲葉元吉
五 バーナード経営学の構想 眞野脩
六 プロセス・スクールからバーナード理論への接近 辻村宏和
七 人間関係論とバーナード理論の結節点 吉原正彦
　　——バーナードとキャボットの交流を中心として——
八 エルトン・メイヨーの管理思想再考 原田實
九 レスリスバーガーの基本的スタンス 杉山三七男
十 F・W・テイラーの管理思想 中川誠士
　　——ハーバード経営大学院における講義を中心として——
十一 経営の行政と統治 北野利信
十二 アメリカ経営学の一一〇年——社会性認識をめぐって—— 中村瑞穂
II 文献

経営学研究のフロンティア 第五輯
●主要目次
I 日本の経営者の経営思想
一 日本の経営者の経営思想 清水龍瑩
　　——情報化・グローバル化時代の経営者の考え方——
二 日本企業の経営理念にかんする断想 森川英正
三 日本型経営の変貌——経営者の思想の変遷—— 川上哲郎
II 欧米経営学研究のフロンティア
四 アメリカにおけるバーナード研究のフロンティア 高橋公夫
　　——William, G. Scott の所説を中心として——
五 フランスにおける商学・経営学教育の成立と展開 日高定昭
　　（一八一九年——一九五六年）
六 イギリス組織行動論の一断面 幸田浩文

　　　　──経験的調査研究の展開をめぐって──
　七　ニックリッシュ経営学変容の新解明　　　　　　　森　　哲　彦
　八　E・グーテンベルク経営経済学の現代的意義　　　髙　橋　由　明
　　　　──経営タイプ論とトップ・マネジメント論に焦点を合わせて──
　九　シュマーレンバッハ「共同経済的生産性」概念の再構築　　永　田　　誠
　十　現代ドイツ企業体制論の展開　　　　　　　　　　海道ノブチカ
　　　　──R.-B.シュミットとシュミーレヴィッチを中心として──
Ⅲ　現代経営・組織研究のフロンティア
　十一　企業支配論の新視角を求めて　　　　　　　　　片　岡　　進
　　　　──内部昇進型経営者の再評価、資本と情報の同時追究、
　　　　　　自己組織論の部分的導入──
　十二　自己組織化・オートポイエーシスと企業組織論　長　岡　克　行
　十三　自己組織化現象と新制度派経済学の組織論　　　丹　沢　安　治
Ⅳ　文　献

経営理論の変遷　第六輯
●主要目次
Ⅰ　経営学史研究の意義と課題
　一　経営学史研究の目的と意義　　　　　　　　　ウィリアム・G・スコット
　二　経営学史の構想における一つの試み　　　　　　加　藤　勝　康
　三　経営学の理論的再生運動　　　　　　　　　　　鈴　木　幸　毅
Ⅱ　経営理論の変遷と意義
　四　マネジメント・プロセス・スクールの変遷と意義　二　村　敏　子
　五　組織論の潮流と基本概念　　　　　　　　　　　岡　本　康　雄
　　　　──組織的意思決定論の成果をふまえて──
　六　経営戦略の意味　　　　　　　　　　　　　　　加護野　忠　男
　七　状況適合理論（Contingency Theory）　　　　　岸　田　民　樹
Ⅲ　現代経営学の諸相
　八　アメリカ経営学とヴェブレニアン・インスティテュー
　　　ショナリズム　　　　　　　　　　　　　　　　今　井　清　文
　九　組織論と新制度派経済学　　　　　　　　　　　福　永　文美夫
　十　企業間関係理論の研究視点　　　　　　　　　　山　口　隆　之
　　　　──「取引費用」理論と「退出／発言」理論の比較を通じて──
　十一　ドラッカー社会思想の系譜　　　　　　　　　島　田　　恒
　　　　──「産業社会」の構想と挫折、「多元社会」への展開──

十二　バーナード理論のわが国への適用と限界　　　　　　　大　平　義　隆
十三　非合理主義的概念の有効性に関する一考察　　　　　　前　田　東　岐
　　　　――ミンツバーグのマネジメント論を中心に――
十四　オートポイエシス――経営学の展開におけるその意義――　藤　井　一　弘
十五　組織文化の組織行動に及ぼす影響について　　　　　　間　嶋　　　崇
　　　　――E・H・シャインの所論を中心に――
Ⅳ　文　献

経営学百年――鳥瞰と未来展望――　第七輯
● 主要目次
Ⅰ　経営学百年――鳥瞰と未来展望――
　一　経営学の主流と本流――経営学百年、鳥瞰と課題――　　三　戸　　　公
　二　経営学における学の世界性と経営学史研究の意味　　　　村　田　晴　夫
　　　　――「経営学百年――鳥瞰と未来展望」に寄せて
　三　マネジメント史の新世紀　　　　　　　　　　　　　ダニエル・A・レン
Ⅱ　経営学の諸問題――鳥瞰と未来展望――
　四　経営学の構想――経営学の研究対象・問題領域・考察方法――　万　仲　脩　一
　五　ドイツ経営学の方法論吟味　　　　　　　　　　　　　　清　水　敏　允
　六　経営学における人間問題の理論的変遷と未来展望　　　　村　田　和　彦
　七　経営学における技術問題の理論的変遷と未来展望　　　　宗　像　正　幸
　八　経営学における情報問題の理論的変遷と未来展望　　伊藤淳巳・下崎千代子
　　　　――経営と情報――
　九　経営学における倫理・責任問題の理論的変遷と未来展望　西　岡　健　夫
　十　経営の国際化問題について　　　　　　　　　　　　　　赤　羽　新太郎
　十一　日本的経営論の変遷と未来展望　　　　　　　　　　　林　　　正　樹
　十二　管理者活動研究の理論的変遷と未来展望　　　　　　　川　端　久　夫
Ⅲ　経営学の諸相
　十三　M・P・フォレット管理思想の基礎　　　　　　　　　杉　田　　　博
　　　　――ドイツ観念論哲学における相互承認論との関連を中心に――
　十四　科学的管理思想の現代的意義　　　　　　　　　　　　藤　沼　　　司
　　　　――知識社会におけるバーナード理論の可能性を求めて――
　十五　経営倫理学の拡充に向けて　　　　　　　　　　　　　岩　田　　　浩
　　　　――デューイとバーナードが示唆する重要な視点――
　十六　H・A・サイモンの組織論と利他主義モデルを巡って　　髙　　　　　巖
　　　　――企業倫理と社会選択メカニズムに関する提言――

十七	組織現象における複雑性	阿辻茂夫
十八	企業支配論の一考察	坂本雅則
	――既存理論の統一的把握への試み――	

Ⅳ 文献

組織管理研究の百年 第八輯

● 主要目次

Ⅰ 経営学百年――組織・管理研究の方法と課題――
一	経営学研究における方法論的反省の必要性	佐々木恒男
二	比較経営研究の方法と課題	愼 侑根
	――東アジア的企業経営システムの構想を中心として――	
三	経営学の類別と展望――経験と科学をキーワードとして――	原澤芳太郎
四	管理論・組織論における合理性と人間性	池内秀己
五	アメリカ経営学における「プラグマティズム」と「論理実証主義」	三井 泉
六	組織変革とポストモダン	今田高俊
七	複雑適応系――第三世代システム論――	河合忠彦
八	システムと複雑性	西山賢一

Ⅱ 経営学の諸問題
九	組織の専門化に関する組織論的考察	吉成 亮
	――プロフェッショナルとクライアント――	
十	オーソリティ論における職能説	高見精一郎
	――高宮晋とM・P・フォレット――	
十一	組織文化論再考――解釈主義的文化論へ向けて――	四本雅人
十二	アメリカ企業社会とスピリチュアリティー	村山元理
十三	自由競争を前提にした市場経済原理にもとづく経営学の功罪――経営資源所有の視点から――	海老澤栄一
十四	組織研究のあり方	大月博司
	――機能主義的分析と解釈主義的分析――	
十五	ドイツの戦略的管理論研究の特徴と意義	加治敏雄
十六	企業に対する社会的要請の変化	小山嚴也
	――社会的責任論の変遷を手がかりにして――	
十七	E・デュルケイムと現代経営学	齋藤貞之

Ⅲ 文献

IT革命と経営理論 第九輯
●主要目次
I テイラーからITへ——経営理論の発展か、転換か——
　一　序説　テイラーからITへ——経営理論の発展か転換か——　　　稲　葉　元　吉
　二　科学的管理の内包と外延——IT革命の位置——　　　　　　　　三　戸　　　公
　三　テイラーとIT——断絶か連続か——　　　　　　　　　　　　　篠　崎　恒　夫
　四　情報化と協働構造　　　　　　　　　　　　　　　　　　　　　國　領　二　郎
　五　経営情報システムの過去・現在・未来　　　　　　　　　　　　島　田　達　巳
　　　　——情報技術革命がもたらすもの——
　六　情報技術革命と経営および経営学　　　　　　　　　　　　　　庭　本　佳　和
　　　　——島田達巳「経営情報システムの過去・現在・未来」をめぐって——
II　論　攷
　七　クラウゼウィッツのマネジメント論における理論と実践　　　　鎌　田　伸　一
　八　シュナイダー企業者職能論　　　　　　　　　　　　　　　　　関　野　　　賢
　九　バーナードにおける組織の定義について　　　　　　　　　　　坂　本　光　男
　　　　——飯野－加藤論争に関わらせて——
　十　バーナード理論と企業経営の発展　　　　　　　　　　　　　　高　橋　公　夫
　　　　——原理論・類型論・段階論——
　十一　組織論における目的概念の変遷と展望　　　　　　　　　　　西　本　直　人
　　　　——ウェーバーからCMSまで——
　十二　ポストモダニズムと組織論　　　　　　　　　　　　　　　　高　橋　正　泰
　十三　経営組織における正義　　　　　　　　　　　　　　　　　　宮　本　俊　昭
　十四　企業統治における法的責任の研究　　　　　　　　　　　　　境　　　新　一
　　　　——経営と法律の複眼的視点から——
　十五　企業統治論における正当性問題　　　　　　　　　　　　　　渡　辺　英　二
III　文　献

現代経営と経営学史の挑戦
　　——グローバル化・地球環境・組織と個人——　第十輯
●主要目次
I　現代経営の課題と経営学史研究
　一　現代経営の課題と経営学史研究の役割—展望　　　　　　　　　小笠原　英　司
　二　マネジメントのグローバルな移転　　　　　　　　　　　　　　岡　田　和　秀
　　　　——マネジメント・学説・背景——

三　グローバリゼーションと文化　　　　　　　　　　　　　高　橋　由　明
　　　　──経営管理方式国際移転の社会的意味──
　四　現代経営と地球環境問題──経営学史の視点から──　庭　本　佳　和
　五　組織と個人の統合　　　　　　　　　　　　　　　　　太　田　　　肇
　　　　──ポスト新人間関係学派のモデルを求めて──
　六　日本的経営の一検討──その毀誉褒貶をたどる──　　赤　岡　　　功

Ⅱ　創立十周年記念講演
　七　経営学史の課題　　　　　　　　　　　　　　　　　　阿　部　謹　也
　八　経営学教育における企業倫理の領域　　　　　　　　　E・M・エプスタイン
　　　　──過去・現在・未来──

Ⅲ　論　攷
　九　バーナード組織概念の一詮議　　　　　　　　　　　　川　端　久　夫
　十　道徳と能力のシステム──バーナードの人間観再考──磯　村　和　人
　十一　バーナードにおける過程性と物語性　　　　　　　　小　濱　　　純
　　　　──人間観からの考察──
　十二　経営学における利害関係者研究の生成と発展　　　　水　村　典　弘
　　　　──フリーマン学説の検討を中心として──
　十三　現代経営の底流と課題──組織知の創造を超えて──藤　沼　　　司
　十四　個人行為と組織文化の相互影響関係に関する一考察　間　嶋　　　崇
　　　　──A・ギデンズの構造化論をベースとした組織論の考察をヒントに──
　十五　組織論における制度理論の展開　　　　　　　　　　岩　橋　建　治
　十六　リーダーシップと組織変革　　　　　　　　　　　　吉　村　泰　志
　十七　ブライヒャー統合的企業管理論の基本思考　　　　　山　縣　正　幸
　十八　エーレンベルク私経済学の再検討　　　　　　　　　梶　脇　裕　二

Ⅳ　文　献

経営学を創り上げた思想　第十一輯
●主要目次
Ⅰ　経営理論における思想的基盤
　一　経営学における実践原理・価値規準について　　　　　仲　田　正　機
　　　　──アメリカ経営管理論を中心として──
　二　プラグマティズムと経営理論　　　　　　　　　　　　岩　田　　　浩
　　　　──チャールズ・S・パースの思想からの洞察──
　三　プロテスタンティズムと経営思想　　　　　　　　　　三　井　　　泉
　　　　──クウェーカー派を中心として──

四	シュマーレンバッハの思想的・実践的基盤	平田　光弘
五	ドイツ経営経済学・経営社会学と社会的カトリシズム	増田　正勝
六	上野陽一の能率道	齊藤　毅憲
七	日本的経営の思想的基盤――経営史的な考究――	由井　常彦

II 特別講演

八	私の経営理念	辻　　理

III 論攷

九	ミッションに基づく経営――非営利組織の事業戦略基盤――	島田　　恒
十	価値重視の経営哲学 ――スピリチュアリティの探求を学史的に照射して――	村山　元理
十一	企業統治における内部告発の意義と問題点 ――経営と法律の視点から――	境　　新一
十二	プロセスとしてのコーポレート・ガバナンス ――ガバナンス研究に求められるもの――	生田　泰亮
十三	「経営者の社会的責任」論とシュタインマンの企業倫理論	高見　直樹
十四	ヴェブレンとドラッカー――企業・マネジメント・社会――	春日　　賢
十五	調整の概念の学史的研究と現代的課題	松田　昌人
十六	HRO研究の革新性と可能性	西本　直人
十七	「ハリウッド・モデル」とギルド	國島　弘行

IV 文献

ガバナンスと政策――経営学の理論と実践―― 第十二輯

● 主要目次

I ガバナンスと政策

一	ガバナンスと政策	片岡　信之
二	アメリカにおける企業支配論と企業統治論	佐久間信夫
三	フランス企業統治 ――経営参加、取締役会改革と企業法改革――	築場　保行
四	韓国のコーポレート・ガバナンス改革とその課題	勝部　伸夫
五	私の経営観	岩宮　陽子
六	非営利組織における運営の公正さをどう保つのか ――日本コーポレート・ガバナンス・フォーラム十年の経験から――	荻野　博司
七	行政組織におけるガバナンスと政策	石阪　丈一

II 論攷

八	コーポレート・ガバナンス政策としての時価主義会計	菊澤　研宗

――M・ジェンセンのエージェンシー理論とF・シュ
　　　　ミットのインフレ会計学説の応用――
　九　組織コントロールの変容とそのロジック　　　　　　大　月　博　司
　十　組織間関係の進化に関する研究の展開　　　　　　　小　橋　　　勉
　　　――レベルとアプローチの視点から――
　十一　アクター・ネットワーク理論の組織論的可能性　　髙　木　俊　雄
　　　――異種混交ネットワークのダイナミズム――
　十二　ドイツにおける企業統治と銀行の役割　　　　　　松　田　　　健
　十三　ドイツ企業におけるコントローリングの展開　　　小　澤　優　子
　十四　M・P・フォレット管理思想の基礎　　　　　　　杉　田　　　博
　　　――W・ジェームズとの関連を中心に――
Ⅲ　文　献

企業モデルの多様化と経営理論　第十三輯
　――二十一世紀を展望して――

● 主要目次
Ⅰ　企業モデルの多様化と経営理論
　一　経営学史研究の新展開　　　　　　　　　　　　　　佐々木　恒　男
　二　アメリカ経営学の展開と組織モデル　　　　　　　　岸　田　民　樹
　三　二十一世紀の企業モデルと経営理論――米国を中心に――　角　野　信　夫
　四　EU企業モデルと経営理論　　　　　　　　　　　　万　仲　脩　一
　五　EUにおける労働市場改革と労使関係　　　　　　　久　保　広　正
　六　アジア―中国企業モデルと経営理論　　　　　　　　金　山　　　権
　七　シャリーア・コンプライアンスと経営　　　　　　　櫻　井　秀　子
　　　――イスラームにおける経営の原則――
Ⅱ　論　攷
　八　経営学と社会ダーウィニズム　　　　　　　　　　　福　永　文美夫
　　　――テイラーとバーナードの思想的背景――
　九　個人と組織の不調和の克服を目指して　　　　　　　平　澤　　　哲
　　　――アージリス前期学説の体系とその意義――
　十　経営戦略論の新展開における「レント」概念
　　　の意義について　　　　　　　　　　　　　　　　　石　川　伊　吹
　十一　経営における意思決定と議論合理性　　　　　　　宮　田　将　吾
　　　――合理性測定のコンセプト――

十二　ステークホルダー型企業モデルの構造と機能　　　　　　水　村　典　弘
　　　　　——ステークホルダー論者の論法とその思想傾向——
十三　支援組織のマネジメント——信頼構築に向けて——　　　狩　俣　正　雄
Ⅲ　文　献

経営学の現在——ガバナンス論、組織論・戦略論——　第十四輯
●主要目次
Ⅰ　経営学の現在
　一　「経営学の現在」を問う　　　　　　　　　　　　　　　勝　部　伸　夫
　　　　——コーポレート・ガバナンス論と管理論・組織論——
　二　株式会社を問う——「団体」の概念——　　　　　　　　中　條　秀　治
　三　日本の経営システムとコーポレート・ガバナンス　　　　菊　池　敏　夫
　　　　——その課題、方向、および条件の検討——
　四　ストックホルダー・ガバナンス 対 ステイクホルダー・ガバナンス　菊　澤　研　宗
　　　　——状況依存的ステイクホルダー・ガバナンスへの収束——
　五　経営学の現在——自己組織・情報世界を問う——　　　　三　戸　　　公
　六　経営学史の研究方法　　　　　　　　　　　　　　　　　吉　原　正　彦
　　　　——「人間協働の科学」の形成を中心として——
　七　アメリカの経営戦略と日本企業の実証研究　　　　　　　沼　上　　　幹
　　　　——リソース・ベースト・ビューを巡る相互作用——
　八　経営戦略研究の新たな視座　　　　　　　　　　　　　　庭　本　佳　和
　　　　——沼上報告「アメリカの経営戦略論（ＲＢＶ）と日本企業
　　　　　の実証的研究」をめぐって——
Ⅱ　論　攷
　九　スイッチングによる二重性の克服　　　　　　　　　　　渡　辺　伊津子
　　　　——品質モデルをてがかりにして——
　十　組織認識論と資源依存モデルの関係　　　　　　　　　　佐々木　秀　徳
　　　　——環境概念、組織観を手掛かりとして——
　十一　組織学習論における統合の可能性　　　　　　　　　　伊　藤　なつこ
　　　　——マーチ＆オルセンの組織学習サイクルを中心に——
　十二　戦略論研究の展開と課題　　　　　　　　　　　　　　宇田川　元　一
　　　　——現代戦略論研究への学説史的考察から——
　十三　コーポレート・レピュテーションによる持続的競争優位　加賀田　和　弘
　　　　——資源ベースの経営戦略の観点から——
　十四　人間操縦と管理論　　　　　　　　　　　　　　　　　山　下　　　剛

十五	リーダーシップ研究の視点	薄羽哲哉
	——リーダー主体からフォロワー主体へ——	
十六	チャールズ・バベッジの経営思想	村田和博
十七	非営利事業体ガバナンスの意義と課題について	松本典子
	——ワーカーズ・コレクティブ調査を踏まえて——	
十八	EUと日本におけるコーポレート・ガバナンス・コデックスの比較	ラルフ・ビーブンロット

Ⅲ 文献

現代経営学の新潮流——方法、CSR・HRM・NPO—— 第十五輯

●主要目次

Ⅰ 経営学の方法と現代経営学の諸問題

一	経営学の方法と現代経営学の諸問題	小笠原英司
二	組織研究の方法と基本仮定——経営学との関連で——	坂下昭宣
三	経営研究の多様性とレレヴァンス問題	長岡克行
	——英語圏における議論の検討——	
四	経営学と経営者の育成	辻村宏和
五	わが国におけるCSRの動向と政策課題	谷本寛治
六	ワーク・ライフ・バランスとHRM研究の新パラダイム	渡辺峻
	——「社会化した自己実現人」と「社会化した人材マネジメント」——	
七	ドラッカー学説の軌跡とNPO経営学の可能性	島田恒

Ⅱ 論攷

八	バーナード組織概念の再詮議	川端久夫
九	高田保馬の勢力論と組織	林徹
十	組織論と批判的実在論	鎌田伸一
十一	組織間関係論における埋め込みアプローチの検討	小橋勉
	——その射程と課題——	
十二	実践重視の経営戦略論	吉成亮
十三	プロジェクトチームのリーダーシップ	平井信義
	——橋渡し機能を中心として——	
十四	医療における公益性とメディカル・ガバナンス	小島愛
十五	コーポレート・ガバナンス論におけるExit・Voice・Loyaltyモデルの可能性	石嶋芳臣
十六	企業戦略としてのCSR	矢口義教
	——イギリス石油産業の事例から——	

Ⅲ 文献

経営理論と実践 第十六輯
● 主要目次
Ⅰ 趣旨説明──経営理論と実践　　　　　　　　　　　　　第五期運営委員会
Ⅱ 経営理論と実践
　一　ドイツ経営学とアメリカ経営学における理論と実践　　　高橋　由明
　二　経営理論の実践性とプラグマティズム　　　　　　　　　岩田　　浩
　　　　──ジョン・デューイの思想を通して──
　三　ドイツの経営理論で、世界で共通に使えるもの　　　　　小山　明宏
　四　現代CSRの基本的性格と批判経営学研究の課題・方法　　百田　義治
　五　経営"共育"への道　　　　　　　　　　　　　　　　　齊藤　毅憲
　　　　──ゼミナール活動の軌跡から──
　六　経営学の研究者になるということ　　　　　　　　　　　上林　憲雄
　　　　──経営学研究者養成の現状と課題──
　七　日本におけるビジネススクールの展開と二十一世紀への展望　高橋　文郎
　　　　　　　　　　　　　　　　　　　　　　　　　　　　　中西　正雄
　　　　　　　　　　　　　　　　　　　　　　　　　　　　　高橋　宏幸
　　　　　　　　　　　　　　　　　　　　　　　　　　　　　丹沢　安治
Ⅲ 論攷
　八　チーム医療の必要性に関する試論　　　　　　　　　　　渡邉　弥生
　　　　──「実践コミュニティ論」の視点をもとにして──
　九　OD（組織開発）の歴史的整理と展望　　　　　　　　　西川　耕平
　十　片岡説と構造的支配－権力パラダイムとの接点　　　　　坂本　雅則
Ⅳ 文献

経営学の展開と組織概念 第十七輯
● 主要目次
Ⅰ 趣旨説明──経営理論と組織概念　　　　　　　　　　　第六期運営委員会
Ⅱ 経営理論と組織概念
　一　経営理論における組織概念の生成と展開　　　　　　　　庭本　佳和
　二　ドイツ経営組織論の潮流と二つの組織概念　　　　　　　丹沢　安治
　三　ヴェーバー官僚制論再考　　　　　　　　　　　　　　　小阪　隆秀
　　　　──ポスト官僚制組織概念と組織人の自由──

四　組織の概念——アメリカにおける学史的変遷—— 中條秀治
　五　実証的戦略研究の組織観 沼上　幹
　　　　——日本企業の実証研究を中心として——
　六　ステークホルダー論の組織観 藤井一弘
　七　組織学習論の組織観の変遷と展望 安藤史江
Ⅲ　論攷
　八　「組織と組織成員の関係」概念の変遷と課題 聞間　理
　九　制度的企業家のディスコース 松嶋　登
　十　キャリア開発における動機づけの有効性 チン・トウイ・フン
　　　　——デシの内発的動機づけ理論の検討を中心に——
　十一　一九九〇年代以降のドイツ経営経済学の新たな展開 清水一之
　　　　——ピコーの所説に依拠して——
　十二　ドイツ経営管理論におけるシステム・アプローチの展開 柴田　明
　　　　——ザンクト・ガレン学派とミュンヘン学派の議論から——
　十三　フランス中小企業研究の潮流 山口隆之
　　　　——管理学的中小企業研究の発展——
Ⅳ　文献

危機の時代の経営と経営学 第十八輯

●主要目次
Ⅰ　趣旨説明——危機の時代の経営および経営学 第六期運営委員会
Ⅱ　危機の時代の経営と経営学
　一　危機の時代の経営と経営学 高橋由明
　　　　——経済・産業政策と経営史から学ぶ
　二　両大戦間の危機とドイツ経営学 海道ノブチカ
　三　世界恐慌とアメリカ経営学 丸山祐一
　四　社会的市場経済体制とドイツ経営経済学の展開 風間信隆
　　　　——市場性・経済性志向と社会性・人間性志向との間の揺らぎ——
　五　戦後日本企業の競争力と日本の経営学 林　正樹
　六　グローバル時代における経営学批判原理の複合 高橋公夫
　　　　——「断絶の時代」を超えて——
　七　危機の時代と経営学の再展開——現代経営学の課題—— 片岡信之
Ⅲ　論攷
　八　行動理論的経営学から神経科学的経営学へ 梶脇裕二
　　　　——シャンツ理論の新たな展開——

九　経営税務論と企業者職能——投資決定に関する考察——　　　　関野　　賢
 十　ドイツ経営経済学の発展と企業倫理の展開　　　　　　　　　　山口　尚美
　　　——シュタインマン学派の企業倫理学を中心として——
Ⅳ　文　献

経営学の思想と方法　第十九輯
●主要目次
Ⅰ　趣旨説明——経営学の思想と方法　　　　　　　　　　　　　　第6期運営委員会
Ⅱ　経営学の思想と方法
　1　経営学の思想と方法　　　　　　　　　　　　　　　　　　　吉原　正彦
　2　経営学が構築してきた経営の世界　　　　　　　　　　　　　上林　憲雄
　　　——社会科学としての経営学とその危機——
　3　現代経営学の思想的諸相　　　　　　　　　　　　　　　　　稲村　　毅
　　　——モダンとポストモダンの視点から——
　4　科学と哲学の綜合学としての経営学　　　　　　　　　　　　菊澤　研宗
　5　行為哲学としての経営学の方法　　　　　　　　　　　　　　庭本　佳和
Ⅲ　論　攷
　6　日本における経営学の思想と方法　　　　　　　　　　　　　三戸　　公
　7　組織の自律性と秩序形成の原理　　　　　　　　　　　　　　髙木　孝紀
　8　HRM研究における研究成果の有用性を巡る一考察　　　　　　　櫻井　雅充
　　　——プラグマティズムの真理観を手掛かりにして——
　9　起業を成功させるための起業環境分析　　　　　　　　　　　大久保　康彦
　　　——モデルの構築と事例研究——
　10　「実践の科学」としての経営学　　　　　　　　　　　　　　桑田　耕太郎
　　　——バーナードとサイモンの対比を通じて——
　11　アクション・サイエンスの発展とその意義　　　　　　　　　平澤　　哲
　　　——経営現象の予測・解釈・批判を超えて——
　12　マズローの思想と方法　　　　　　　　　　　　　　　　　　山下　　剛
Ⅳ　文　献

経営学の貢献と反省——二十一世紀を見据えて——　第二十輯
●主要目次
Ⅰ　趣旨説明——経営学の貢献と反省——21世紀を見据えて　　　第7期運営委員会
Ⅱ　経営学の貢献と反省——21世紀を見据えて

1	日本における経営学の貢献と反省——21世紀を見据えて——	三戸　　公
2	企業理論の発展と21世紀の経営学	勝部伸夫
3	企業の責任化の動向と文明社会の行方	岩田　浩
4	産業経営論議の百年——貢献，限界と課題——	宗像正幸
5	東京電力・福島第一原発事故と経営学・経営史学の課題	橘川武郎
6	マネジメント思想における「個人と組織」の物語り ——「個人と組織」の20世紀から「関係性」の21世紀へ——	三井　泉
7	経営学史における組織と時間 ——組織の発展と個人の満足——	村田晴夫

III　論　攷

8	現代企業史とチャンドラー学説 ——その今日的意義と限界——	澤田浩二
9	v. ヴェルダーの管理組織論 ——組織理論的な観点と法的な観点からの考察——	岡本丈彦
10	組織社会化研究の新展開 ——組織における自己の記述形式を巡って——	福本俊樹

IV　文　献

経営学の再生——経営学に何ができるか——　　第二十一輯

●主要目次

I　趣旨説明——経営学の再生——経営学に何ができるか　　第7期運営委員会
II　経営学の再生——経営学に何ができるか

1	経営学に何ができるか——経営学の再生——	藤井一弘
2	経営維持から企業発展へ ——ドイツ経営経済学におけるステイクホルダー思考とWertschöpfung——	山縣正幸
3	「協働の学としての経営学」再考 ——「経営の発展」の意味を問う——	藤沼　司
4	経済学を超える経営学——経営学構想力の可能性——	高橋公夫
5	経営学における新制度派経済学の展開とその方法論的含意	丹沢安治
6	経営学と経済学における人間観・企業観・社会観	三戸　浩

III　論　攷

7	組織均衡論をめぐる論争の再考 ——希求水準への一考察——	林　徹
8	高信頼性組織研究の展開 ——ノーマル・アクシデント理論と高信頼性理論の対立と協調——	藤川なつこ

9　人的資源管理と戦略概念　　　　　　　　　　　　　森　谷　周　一
10　組織能力におけるHRMの役割　　　　　　　　　　庭　本　佳　子
　　　──「調整」と「協働水準」に注目して──
11　組織行動論におけるミクロ-マクロ問題の再検討　　貴　島　耕　平
　　　──社会技術システム論の学際的アプローチを手がかりに──
Ⅳ　文　献

現代経営学の潮流と限界──これからの経営学──　第二十二輯
●主要目次
Ⅰ　趣旨説明──現代経営学の潮流と限界──これからの経営学　第7期運営委員会
Ⅱ　現代経営学の潮流と限界──これからの経営学
　　1　現代経営学の潮流と限界──これからの経営学──　高　橋　公　夫
　　2　新制度派経済学研究の停滞とその脱却　　　　　　　菊　澤　研　宗
　　3　経営戦略論の理論的多元性と実践的含意　　　　　　大　月　博　司
　　4　状況適合理論から組織化の進化論へ　　　　　　　　岸　田　民　樹
　　5　人的資源管理パラダイムの展開　　　　　　　　　　上　林　憲　雄
　　　　──意義・限界・超克可能性──
Ⅲ　論　攷
　　6　イギリスにおける分業論の展開　　　　　　　　　　村　田　和　博
　　　　──アダム・スミスからJ. S. ミルまで──
　　7　制度の象徴性と物質性に関する学説史的検討　　　　早　坂　　　啓
　　　　──超越論的認識論における二律背反概念を通じて──
　　8　地域社会レベルからみる企業の社会的責任　　　　　津久井　稲　緒
　　9　米国における通報研究の展開　　　　　　　　　　　吉　成　　　亮
　　　　──通報者の立場にもとづく悪事の通報過程──
　　10　ダイナミック・ケイパビリティ論における知識の問題　赤　尾　充　哉
Ⅳ　文　献